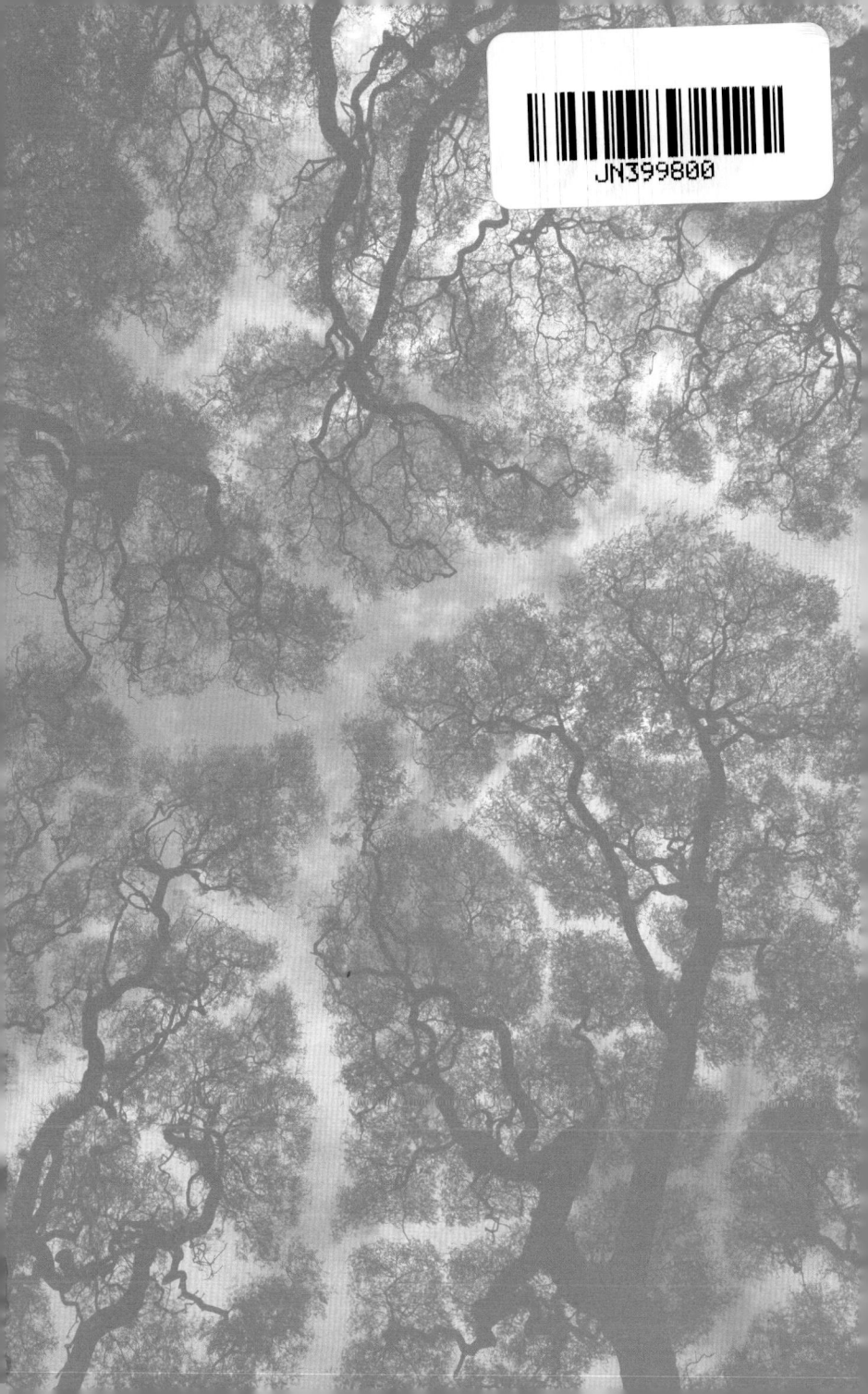

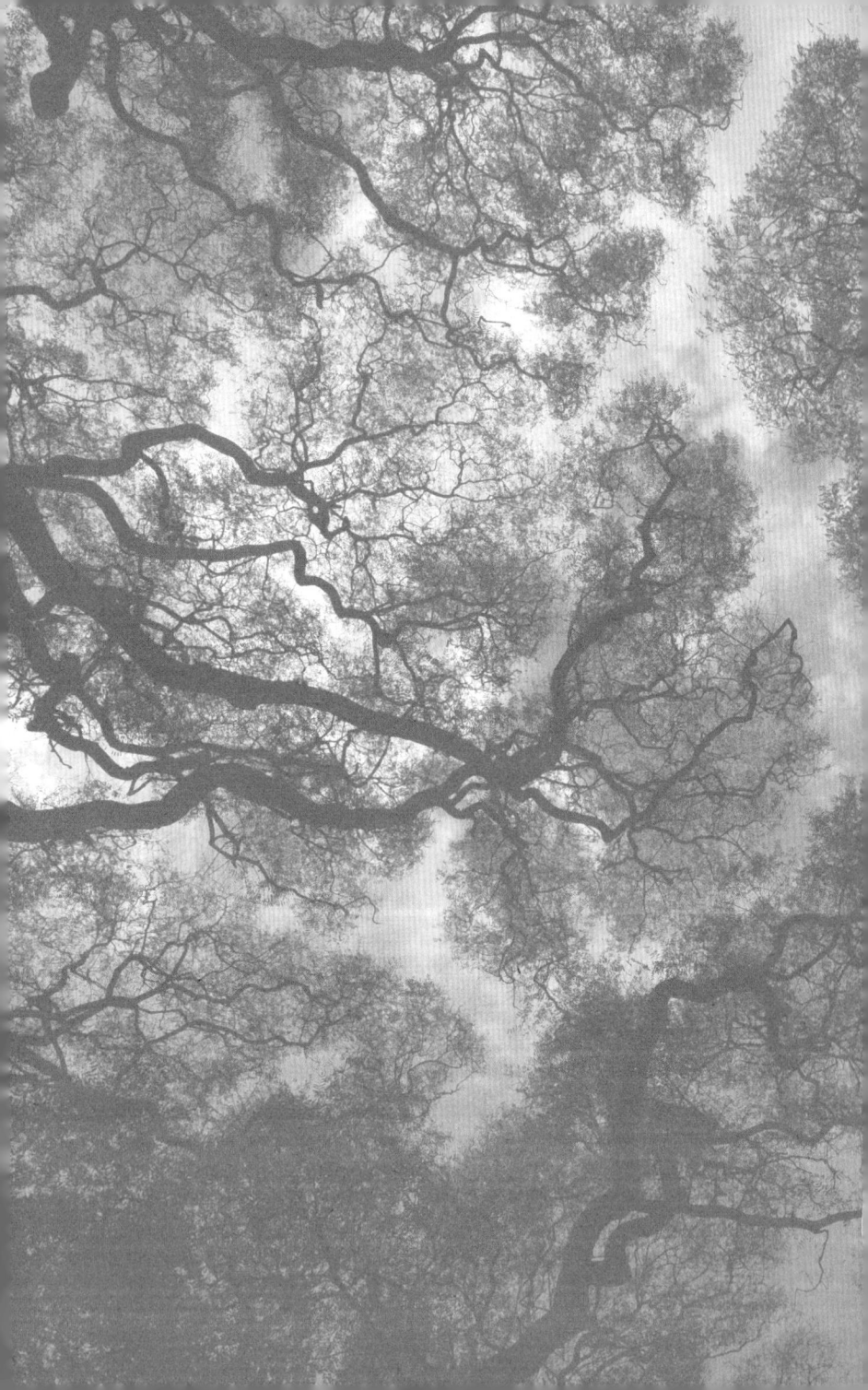

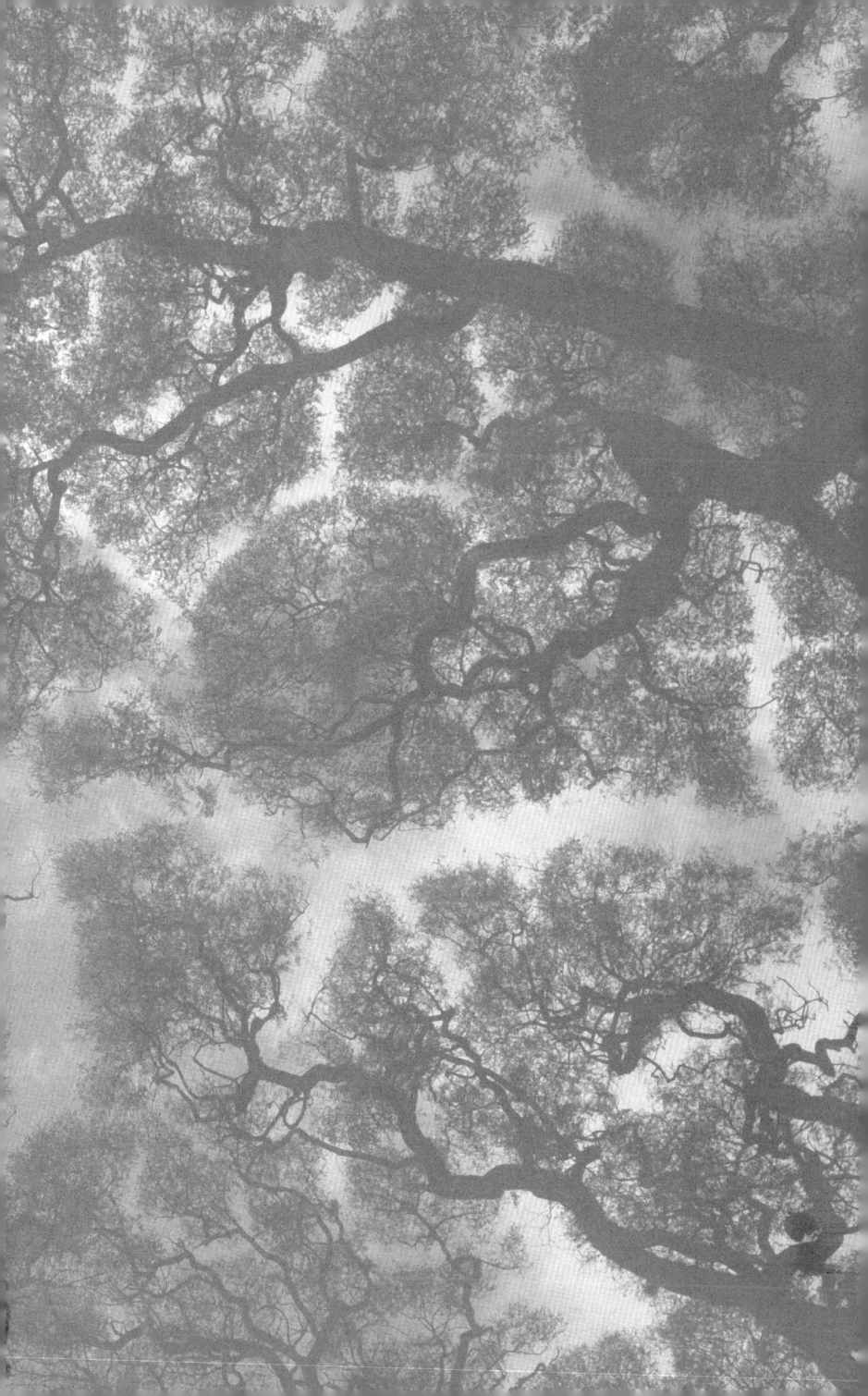

청년신학아카데미 자료집 ❷

# 포스트 성장시대의 전도와 신학

청년신학아카데미 자료집 ❷
**포스트 성장시대의 전도와 신학**

| | |
|---|---|
| 지은이 | 이민형 외 |
| 편집인 | 김대만 문지웅 오형국 이영섭 |
| 초판발행 | 2025년 10월 8일 |

펴낸이　　배용하

등록　　　제364-2008-000013호
펴낸 곳　　도서출판 대장간
　　　　　www.daejanggan.org
등록한 곳　충청남도 논산시 가야곡면 매죽헌로1176번길 8-54
편집부　　전화 (041) 742-1424
영업부　　전화 (041) 742-1424 · 전송 0303 0959-1424
ISBN　　　978-89-7071-772-2　03230

분류　　　기독교 | 전도 | 신학

이 책은 저작권법에 의해 보호를 받는 출판물입니다.
기록된 형태의 허락 없이는 무단 전재와 복제를 금합니다.

 값 12,000원

청년신학아카데미 자료집 ❷

# 포스트 성장시대의 전도와 신학

청년신학아카데미

# 목차

서문: 복음주의의 새 길을 위한 대안신학　　　　　　　　　　　　11

## I. MZ 세대와 복음전도

1. MZ=X, 굴레를 벗어난 가능성　　　　　　　　　　　　　　18
　이민형 교수(성결대학교)

2. 청년들은 어떤 기독교 공동체를 원할까?　　　　　　　　　36
　김선일 교수(웨스트민스터신학대학원대학교)

　논찬 1　　　　　　　　　　　　　　　　　　　　　　　　49
　　신승철 간사(IVF 동서울)

　논찬 2　　　　　　　　　　　　　　　　　　　　　　　　58
　　이지혜 간사(IVF 경기남지방회)

3. 청년들을 위한 공동체 전도　　　　　　　　　　　　　　　65
　김선일 교수(웨스트민스터신학대학원대학교)

## II. 복음전도를 위한 문화변증의 실천적 이해

1. 문화변증전도의 실천적 이해　　　　　　　　　　　　　　70
　김선일 교수(웨스트민스터신학대학원대학교)

2. C. S. Lewis의 정감적 변증　　　　　　　　　　　　　　　80
　김선일 교수(웨스트민스터신학대학원대학교)

3. 레슬리 뉴비긴: 다원주의 시대의 변증과 선교적 교회론　　97
　김선일 교수(웨스트민스터신학대학원대학교)

4. 프란시스 쉐퍼의 합일적 변증　　　　　　　　　　　118
　김선일 교수(웨스트민스터신학대학원대학교)

5. 프란시스 쉐퍼의 라브리 전도　　　　　　　　　　　130
　성인경, 박경옥(한국라브리)

6. 팀 켈러의 변증 전도　　　　　　　　　　　　　　　139
　김선일 교수(웨스트민스터신학대학원대학교)

## III. 전환기 대안적 신학의 모색

1. 지배신학과 대안신학　　　　　　　　　　　　　　　146
　오형국 목사(청년신학아카데미 공동대표)

2. 짐 월리스의 총체적 제자도　　　　　　　　　　　　165
　문지웅 목사(청년신학아카데미 공동대표)

3. 월터 브루그만과 예언자 정신　　　　　　　　　　　182
　정용성 교수(백석대학교신학대학원)

4. 생태적 성서신학의 모색 : 웬델 베리와 엘렌 데이비스　　200
　구미정 교수(숭실대학교)

5. 공동선 자본주의의 과제와 전망　　　　　　　　　　213
　이영환 명예교수(동국대학교)

# 서문: 복음주의의 새 길을 위한 대안신학

    2021년 말에 〈청년신학아카데미 자료집〉 1권을 내고 난 뒤, 2022-2024년 3년 간의 청년신학아카데미청신아에서 생산된 콘텐츠를 모아 두 권2, 3권의 신학자료집을 출간하게 되었습니다. 2권의 제목은 "포스트 성장시대의 전도와 신학", 3권의 제목은 "변혁적 제자도와 21C 복음주의의 새 길"로 정했습니다.

    교회 내적으로 이 시대의 중요한 특징은 '포스트 성장주의'라고 부를 수 있습니다. 교회 성장이 멈춘지 오래 되었고, 한국 사회의 청년 및 장년 세대에게 기독교는 이미 소수의 종교가 되어버렸습니다. 사회로부터 신뢰도와 호감도가 낮아진 교회는 다시 '존중'을 회복할 기미도 보이지 않는 것이 사실입니다. 사역현장에서 우선적으로 체감되는 것은 전도가 어려워진 것입니다. 심지어 말도 꺼내지 못할 정도라고도 합니다. 가장 심각한 문제는 이러한 여러 가지 변화와 난관 속에서 교회는 여전히 신학과 실천에서 성장주의 시대의 틀을 대신할 비전과 콘텐츠를 준비하지 못하고 있다는 것입니다.

청신아는 '포스트 성장 시대'에 전도의 신학이 어떻게 결합되고 새로워져야 할 것인가에 주목했습니다. 성장 시대를 지나는 동안, 교회와 성도들의 주요 관심사는 단연코 전도였고, 많은 사람을 빠른 시간에 전도하여 교회로 데리고 나와 빈자리를 채우는 것이 제일의 목적이었습니다. 그러기 위해 복음은 단순하고, 재미있게, 현실적으로 유익/유리한 내용으로 도식화되었습니다. 성장기에는 이것이 매우 성공적인 방법인 듯 보였습니다. 그러나 한국사회에서 기독교가 새로운 종교로서 각광 받던 기간은 기대만큼 오래 가지 않았습니다. 그 이후의 국면에서 이것은 오히려 지속 불가능한 방식이었음이 드러났습니다. 단기간의 성공 속에 치명적인 실패의 요인이 숨어있었던 것입니다. 교회의 인기가 떨어지고 전도가 어려워지면서 복음 증거에 대한 관심과 열정도 약화되었습니다. 이제 전도 자체의 포기나 부정에 빠지지 않고 부적절한 전도 방식에 대한 비판을 넘어 진실한 복음 증거에 대한 신학적 성찰, 새로운 창발적 자세와 접근, 방법이 필요해 졌습니다. 종래의 내세 지향으로 단순화된 복음, '느껴지는 필요felt needs'만을 만족시키려는 소비주의적 메시지가 아니라, '대립의 복합'을 특징으로 하는 기독교 진리의 전모를 제시함으로써 복음을 증거해야 한다고 생각합니다. 약간의 설명을 필요로 하는 표현이지만 우리의 논지는 이제 '신학이 전도하는 시대'라는 것입니다. 이 말은 전도사역의 방법과 언어가 학문적이어야 한다는 말은 아닙니다. 우리가 지향하는 신학이란 이 시대 사람들이 묻는 물음에 대한 기독교 신앙의 답변이 무엇인가를 제시하는 작업입니다. 과거 신학의 목적이 정통 교리를 재진술하고 전승시키는 것이었다면, 이제는 교회가 시대의 물음에 답할 메시지를 제시하는 신학을 할 때입니다. 젊은 세대가 중시하는 효능성의 요구에 답하면서 기독교 신앙이 무엇인가를 알릴 수 있어야 할 것입니다.

2권에서는, 성장주의 시대의 산물인 교회 중심적 제자도의 대안으로서 '변혁적 제자도'를 조명하며, 한 걸음 더 나아가 시효만료에 직면한 20C 복음주의 전통의 대안으로서 '넥스트 복음주의Next Evangelicalism'의 담론을 소개합니다.

오늘날 세계교회의 또 하나의 특징으로 지적되는 것은 제자도의 결핍입니다. 한 선교 지도자는 오늘날 많은 교회의 영적 수준이 '1마일의 폭에 1인치 깊이의 강'과 같다고 표현한 바 있습니다. 하나님의 통치에 대한 열망 없이 신앙의 초보만으로 만족하도록 조장하며 히 5:12 외형적 성장에만 치중한 결과입니다. 명목 신앙이나 교회 내부용에 그치고 말았던 성장주의 시대의 제자도를 넘어 하나님의 통치를 살아가도록 격려하는 변혁적 제자도의 탐구를 함께 나누고자 합니다.

한편, 제자도의 갱신에서 한 걸음 더 나아가 좀 더 체계적으로 신앙의 새로운 버전version을 수립하려는 모색을 할 때입니다. 한국의 다수 보수적인 교회들을 포함하는 기존의 '복음주의' 전통은 20세기 중엽 이후 미국을 기반으로 광범위하게 확산되었기 때문에 미국식 복음주의 또는 빌리 그래함식 복음주의로 불렸습니다. 이는 기독교의 대중화, 세계선교의 기반을 형성한 기여가 크지만 21세기의 4분기를 넘어선 오늘날 문명 전환기의 영적 필요에 부응할 신학적 역량과 사회적 감수성을 상실하였습니다. 청신아의 주요 텍스트였던 짐 월리스의 지적대로, 웨슬리와 윌버포스의 역동적이고 총체적인 19세기 복음주의 전통에서 이탈한 20세기의 복음주의는, 구원론과 세계관에서 과잉된 개인주의, 사회정의에 관한 둔감성과 온정주의적 한계, 중상류층 중심의 메가 처치 교회론, 개종주의와 교회 확장의 좁은 선교신학, 좌우 이데올로기에 매몰되어 기독교와 자본주의를 동일시 하는 입장, 무엇보다 나사렛 예수의 복음에서 떠난 강자 지향성 등의 특성을 보입니다. 이러한 20C 복음주의의 한계는 다름 아닌 근래 한국교회의 심각한 신학적, 윤리적 퇴행에서 적나라하게 드러났습니다. 한국 기독교는 놀랍도록 풍성한 하나님의 은혜와 성도들의 유례없는 충성과 헌신으로 교회사에 기록될만한 부흥과 성장을 성취했습니다. 그러나 한국교회의 급속한 퇴조의 원인은 무엇일까요? 그것은 실패의 요인을 내장한 지속불가능한 성장 방식 때문이라는 뼈아픈 지적이 있습니다. 한국교회가 그러한 길로 간 중요한 이유 한가지는 시대의 변화와 신앙의 성장에 따라 의거할 신앙전통의 특성을 분별할 역량을 갖지 못했기 때문입니다.

미국교회는 자신들의 주된 신앙전통인 복음주의Evangelicalism에 대하여 2000년대 초부터, 특히 교회의 정치화가 심해진 2016년을 전후하여 솔직한 반성과 깊이 있는 성찰을 내어놓고 있습니다. 주류 신학자들과 교회지도자들이 적극적으로 발언하고 연구물을 내고 있으며 그 내용은 미국교회에 의지해 온 한국교회에도 매우 높은 적실성을 갖습니다. 다만 한국의 신학계와 기독언론, 출판에서 다루지 않고 있는 것이 문제입니다. 그것이 교회와 신학계, 선교계 전반에 작용하는 헤게모니에 대한 자기검열 때문이라면 심각히 우려할 현상입니다.

이번 3권에서 초안으로 제시된 '21C 복음주의의 새 길'의 문제의식에 공감이 일어나 좀 더 치밀한 신학적 지형도를 그려나가는 작업을 시작하게 되기를 기대합니다. 특히 청년 세대가 '아재 복음주의'라 부르는 비호감의 전통에 대해서도 관심을 더 해 주기를 바랍니다. 지도 밖으로 행군하기 위해서도 지도는 필요하기 때문입니다.

한국교회는 현장의 긴급한 필요에 쫓겨 신학 콘텐츠의 생산에 관심과 힘을 기울이지 못하고 있습니다. 그러나 이미 90년대에 세계의 선교지도자들이 고언을 주신 바 있습니다. "한국교회는 'young church'이므로 thinker가 필요해" Van Engen, "한국교회가 연구와 훈련의 인프라를 구축하지 못한다면 향후 세계 선교에 기여하기 어려울 것" Ralph Winter 등의 교훈은 여전히 유효할 뿐 아니라 마지막 경고처럼 새겨야 할 것입니다.

대중성이 없어 보이는 청년신학아카데미 사역이 지난 9년간 지속된 것은 하나님의 은혜와 여러 동역자들의 도움 덕분입니다. 청신아의 주제에 공감하고 요청을 수락해 주신 강사님들과 문제의식을 공유하고 세미나에 등록해 주신 분들, GBS선교회와 보성교회, 샬롬교회 및 후원자님들께 감사를 드립니다. 편집을 위해 수고한 기획위원들과 이영섭 총무님에게도 감사를 전합니다.

2025.7.4.

청년신학아카데미 공동대표 문지웅, 오형국 드림

# I. MZ세대와 복음전도

# 1. MZ=X, 굴레를 벗어난 가능성

이민형 교수(성결대학교)

## 도입. MZ세대의 정의와 특징

나라와 기관에 따라 MZ세대를 정의하는 기준이 조금씩 다르지만, 보통 2000년대 이후로 20대를 보낸 1980-1994년 생 사람들을 밀레니얼 세대, 1995년 이후에 태어난 세대를 Z세대라고 부른다. 앞 세대인 X세대와 비교했을 때, MZ세대는 개인 중심적이고, 현재 중심적이며, 실용적인 가치를 중시한다. 또한 디지털 기기를 사용하는 데에 익숙하며, 이를 사용한 다양한 활동을 즐기고, 그로 인해 자신의 취향 및 기호를 분명히 알고 있는 편이라 할 수 있다.

"MZ세대의 커뮤니케이션 고유 특성에 대한 각 세대별 반응 연구"에서 손정희, 김찬석, 이현선은 MZ세대에 대한 다양한 연구 결과들을 취합한 후, MZ세대의 특징으로 다음과 같은 다섯 가지를 꼽았다. 그리고 이러한 특징들이 다른 세대와는 어떻게 달리 나타나는지를 조사하였다. 첫째, MZ세대는 디지털 기술에 능숙하다. 둘째, MZ세대는 자신의 기준에 맞춰 문제를 해결한다. 셋째, MZ세대는 공정이라는 주제에 민감하고 가치관이 뚜렷하다. 넷째, MZ세대는 다양한 일에 도전하고, 자신의 가능성을 테스트한다. 다섯째, MZ세대는 새로운 컨텐츠를 선호한다.

손정희, 김찬석, 이현선의 연구 결과는 MZ세대에 대한 일반적인 이해와는 차이를 보인다. 위의 다섯 가지를 다른 세대 대조군과 비교해 본 결과 MZ세대만의 특징이라고 할 수 있는 사항은 첫 번째 특징인 "디지털 기술에 능숙하다" 정도였다. 다섯 번째 특징인 "새로운 컨텐츠를 선호한다" 항목은 M세대에서만 유의미한 특징으로 나타났다.

이처럼 일반적으로 알려진 것과 달리 MZ세대를 구분할 수 있는 뚜렷한 차이점이 나타나지 않는 상황에서 과연 MZ세대의 구분은 어떠한 의미가 있는가? 분명한 현상적 근거가 없는 담론은 아닐까? 본 강의는 이에 집중하여 "MZ세대" 담론이 시뮬라크라, 즉 실체가 없는 이미지의 조합임을 전제로 하여, 이 담론이 어떻게 만들어 진 것인지를 살펴본다. 더불어 담론 이면에 존재하는 2030세대들의 현실을 분석하고, 이에 대한 기독교적 응답을 제안하는 것으로 강의를 마치려 한다.

## 1. 당신들의 MZ

### 1) 지극히 정치적 관심에서 만들어진 담론

MZ세대라는 표현이 등장하기 전, 한국사회가 2030세대를 본격적으로 주목하기 혹은 주목되어지기 시작한 것은 2017년 대선부터라고 할 수 있다. 당시 2030 유권자들은 가장 진보적이라고 평가받는 40대와 비슷하게 압도적으로 민주당을 지지하며 진보적인? 정치 성향을 드러냈다. 하지만, 2018년 평창 동계 올림픽에서 아이스하키 남북단일팀 조직에 대한 반대 의견이 20대를 중심으로 퍼져나가기 시작하면서 기성세대는 청년세대의 진보성에 물음표를 달기 시작했다. 이후 2018년 예멘 난민의 수용에 대한 20대의 입장이 포용보다는 보류 쪽으로 기울자 "청년 보수화"라는 우려의 목소리가 나왔다. 그리고 그들의 움직임은 2020년 6월 인천국제공항 정규직 전환 논란을 통해 구체화되기 시작했고, 결국 2021년 4월 재/보궐 선거에서 그들은 2020년 총선까지 진보 진영을 지지하던 노선을 이탈하여 여당에 참패를 안겨줬다. 더욱이 20대 남녀 지지율의 격차가 유의미한 수준으로 벌어지자, 20대 남성들의 보수당 지지 경향은 곧 "이대남 현상"으로 불리기 시작했고, 이는 2022년 대선에서도 그대로 이어졌다.

과연, 이것은 20대 청년들이 스스로의 의지로 만들어낸 "현상"인가? 아니면 누군가에 의해 만들어진 "담론"의 반영인가? 20대에 대한 기성세대의 정치적, 사회적 관심은 2000년대에 들어 하나 둘 등장한다. 이전에 비해 안정된 사회의 분위기, 소비력의 증가와 포스트모던 문화의 수혜를 입은 그들을 도무지 이해할 수 없었던 기성세대들이 마침내 목소리를 내기 시작한 것이다. 대표적으로 2003년 홍세화의 칼럼 "그대 이름은 무식한 대학생"은 소비와 향락 문화에 젖은 대학생들이 정치적으로 무관심하고, 학문적으로도 깊이가 없으며, 오직 취업과 성공만을 목표로 한다는 기성세대의 날카로운? 일갈이 담긴 글이었다. 이후 2007년 출간된 우석훈, 박권일의 『88만원 세대』는 일면 당시의 20대가 처한 상황을 분석하며 그들이 소비와 향락에 젖어있다는 것은 사실이 아님을 변호하는 듯 보인다. 하지만, 그들의 논지는 결국 지나친 경쟁 구조를 뒤집어엎기 위해 길거리로 나와 목소리를 높이는 정치적 관심의 회복을 주장한다는 점에서 기성세대에 의해 만들어진 사회 구조적 억압을 청년 세대에게 지우는 모순된 결론을 내린다. 청년들이 저자들의 논지를 따라 사회를 뒤집어엎을 기미가 없자, 우석훈이 책을 절판하겠다고 선언한 사실은 기성세대들의 관심은 철저히 그들 중심이었다는 것을 확인시켜 주었다.

이처럼 기성세대의 청년 담론은 자신들의 사회적 책임에 대한 반성보다는 자신들과 다른 그들을 "별난 사람들"로 타자화시키는 것에 몰두했다. 이는 비단 비판적인 목소리만을 의미하지는 않는다. 2010년 출간된 김난도의 『아프니까 청춘이다』와 같이 청년들을 응원하는 것처럼 보이는 자기 계발서들이 쏟아져 나왔고 이들은 베스트셀러의 반열을 지켰다. "자기 계발"이라는 논리에 담긴 기성세대들의 노하우는 마치 20대 청년들이 처한 상황을 염려하고, 그들이 그것을 극복할 수 있는 힘을 키울 수 있는 것처럼 보였지만, 결국 그들은 당대의 청년들처럼 살아본 적이 없는 상황에서 노하우만을 전수하려는 "라떼 설교"의 초기 모델일 뿐이었다. "아프면 환자"라는 어느 코미디언의 일갈은 그들의 진실을 알게된 청년 세대의 저항이었다. 이후 2013년 오찬호는 『우리는 차별에 찬성합니다』를 통해 20대의 사회적 보수성과 이기주의는 자기 계발서를 지나치게 탐닉한 결과로 분석하였지만, 그것이 다였다. 기성세대의 청년 담론은 여전히 한 발짝 떨어져서 자신들의 생각을 이야기하는 것 이상도 이하도 아니었다.

### 2) 지극히 상업적인 관심으로 만들어진 담론

지금까지 한국사회에서 통용되는 청년 담론의 또 다른 축은 20대들의 소비문화를 촉진하려는 기성세대의 상업적인 관심이 만들었다고 해도 과언이 아니다. 근래에 들어 우후죽순으로 출간되는 트렌드 관련 서적들은 이러한 현상의 반증이다. 이듬해에 영향력이 있을 법한 키워드들을 예측하여, 이를 연말 보고서를 통해 발표함으로 "트렌드"를 "분석"한다는 이들 서적의 의도가 사뭇 흥미롭다. 먼저 "예측"을 "분석"으로 소개하는 그들의 자신감은 무척이나 관심이 가는 부분이다. 물론 빅데이터와 같은 연구 대상의 활동 자료를 통합하여 이듬해의 트렌드를 예측한다는 점에서 이는 과거의 정보를 분석한 결과라고 할 수 있다. 하지만, 미래의 어느 시점에서 나타날 현상을 분석을 통해 보고한다는 그들의 논지는 신빙성에 의문을 제기할 여지가 많다. 기실 이들이 발표한 트렌드 중 상당수는 그저 단기간 동안 알려졌다가 사라지는 "버즈 워드buzzword"로 남을 뿐이다. 그럼에도 불구하고 연구 결과를 마치 "현상"이 될 것처럼 발표하는 기관과 이들의 결과물을 "현상"으로 받아들이는 사회는 무엇인가에 홀려 있는 느낌이다.

이것이 그저 불편한 느낌에서 멈추지 않는 이유는 이런 류의 보고서를 발표하는 기관들의 대부분이 "소비"를 분석하고 연구하는 단체이기 때문이다. 그들이 예측하는 "트렌드"는 필연적으로 소비와 연관이 있다. 소비와 연관이 있는 트렌드는 기업의 관심의 대상일 수밖에 없다. 언제인가부터 트렌드 분석 보고서와 기업의 상품 기획은 서로 박자를 맞추고 있다. 앞서 언급한 트렌드의 실체화, 즉 "현상"은 늘 소비 패턴으로 나타난다. 트렌드는 살수록 기업의 언어로 점철된다. 이를 가장 잘 드러낸 예가 "뉴트로"이다. 이는 문화도 아니고 현상도 아닌 그저 기업들의 상품 기획에 불과했다. 하지만 트렌드를 연구하는 기관들은 이를 청년세대의 트렌드인 것처럼 소개했다. "뉴트로"라는 표현 자체도 서울대학교 소비트렌드분석센터에서 만든 신조어인데, 이는 "과거를 모르는 밀레니얼 세대가 옛 것에서 신선함을 찾아 즐기는 문화 현상"을 의미한다고 한다.

하지만, 실제로 뉴트로 문화를 즐기는 청년세대는 극히 일부에 불과하다. 앞서 이야기한 MZ세대의 특징 연구에 빗대어 보자면 뉴트로 상품을 구매하는 이들은 대부분 M세대이다. 이들은 아날로그 문화를 어느 정도 경험한 세대이기에 "과거를 모르는"이라는 전제에 해당하지 않으며, 따라서 뉴트로는 사실상 존재하지 않는다고 봐도 무방하다. 다만 2019년의 트렌드로 발표된 이 문화가 2022년이 된 지금까지도 이어지는 이유는 이미 기획된 상품들의 출시 계획이 아직 남아있기 때문일 것이다.

뉴트로와 같은 트렌드는 결국 청년들을 소비자로 치부하는 담론만을 형성한다. 이는 기성세대의 경제적 욕망이 투영된 담론이라고도 할 수 있다. 미셸 푸코의 집단기억이론에 빗대어 설명하자면 뉴트로 트렌드는 기성세대들에 의해 선별된 것들을 기억하게 함으로 소비만을 촉진시키는 문화이다. 그들에게는 존재하지도 않는 과거의 추억을 아름답게 포장하여 기획된 상품들을 소비하게끔 하는 것은 MZ의 소비 패턴이나 성향과는 무관하다. 일부 MZ세대에 속한 이들이 뉴트로 상품을 소비할 수는 있지만, 그것은 어디까지나 개인의 기호와 취향에 근거한 소비이지, 그것을 청년 트렌드라 부를 수는 없다. 기욤 에르네는 이러한 현상을 가리켜 비기능적 트렌드, 즉 개인의 취향에 근거한 소비 패턴을 상업적으로 활용한 트렌드라고 해석한다. 이는 우리 사회에서 요구하는 청년담론과도, 청년들의 현실과도 무관한 상품 전략일 뿐이며, 따라서 이에 반영된 기성세대의 관심은 청년들의 현실과는 관련이 없는 다른 담론만을 만들어 낸다.

### 3) 지나친 단순화와 일반화

결국 오늘날 한국사회 안에서 통용되고 있는 청년담론은 대부분 기성세대의 정치적 관심이나 상업적 욕망에 근거한 것이라 할 수 있다. 그들의 관심은 청년세대들에게 자신들의 경험에 근거한 훈계를 늘어놓거나, 자신들의 정치적 목적에 그들을 이용하거나, 자신들이 기획한 상품의 소비자로 그들을 활용하는 데에 있다. 이러한 목적에 근거한 청년 담론은 청년들의 실제의 삶과 연관이 없다. 만들어진 청년담론은 기성세대의 의도에 따라 청년들의 삶을 단순화하고 일반화한다. 앞서 살펴본 연구 결과를 통해서도 알 수 있듯이 M세대와 Z세대를 하나로 묶어 설명하려는 시도 자체가 무리수이며, 이는 성급한 일반화의 오류를 넘어 성의 없는 해석으로 귀결될 수밖에 없다. 그럼에도 불구하고 이것이 지속적으로 언론을 통해 사람들에게 제공되고 있는 이유는 결국 기성세대의 목적을 위한 것이라고 밖에 해석할 수 없다. 2022년 대선의 결과가 이를 증명한다.

## 2. 굴레를 벗어나

### 1) 세대 프레임

지금까지 살펴본 대로 한국사회의 청년 세대는 그들의 특징과는 별개의 담론에 의해 정의되고 묘사된다. 이는 기성세대가 만들어내는 프레임이다. 이들의 사고방식이나 세계관은 절대로 오늘날의 청년세대를 온전히 이해할 수도, 표현할 수도 없다. 그들은 대부분 모더니즘적 사고 방식, 즉 논리적 추론을 통해 하나의 진리를 찾아가는 것에 익숙한 사람들이다. 그들이 생각하는 옳은 것 이외의 모든 생각이나 행위는 모두 변칙적인 것이며 불안정하고 불편한 것들이다. 반면, 오늘날의 청년들은 지극히 포스트모던적이다. 그들의 사고와 행위는 자유분방하고, 개방적이며, 다양하다. 따라서 포스트모던적인 삶을 모더니즘적 관점에서 정리하다보면 이는 묘사나 서술보다는 프레임 씌우기나 분류와 같은 논지로 발전할 수밖에 없다. 오늘날의 청년담론이 지나치게 단순화된 것도 이러한 모더니즘적 사고방식의 결과라 할 수 있다.

결국 청년세대에 대한 담론은 이해가 아닌 다른 목적을 전제로 하며 실제로 청년세대를 통제하고 조종하기 위한 프레임으로 작용한다. 전상진은 그의 책 『세대 게임』에서 세대론은 기득권에 의해 만들어진 게임과 같은 것이라 주장한다. 그것은 모든 사회의 문제를 세대의 문제로 치환한 일종의 프레임이며, 그 안의 당사자들은 서로를 탓하며 승패를 위해 다투기에 바쁜 나머지 구조적 문제와 같은 근본적인 원인을 인식하지 못하게 된다. 따라서 세대론이라는 프레임 안에서 문제의 해결은 기득권에 의해 만들어진 근본적인 문제의 해결이 아닌 특정 세대에게 책임을 묻고 그들에게 벌을 가하거나 그들의 단점을 지적하여 그것을 답습하지 못하는 것으로 결론이 난다.

### 2) 혐오, 배제, 차별

실제로 오늘날의 세대담론은 다양한 프레임을 만들어내며 청년 세대를 재단하고 분류했다. 이대남과 이대녀와 같은 신조어들을 만들어내며 그들을 소위 "갈라치기"하였고, 그 프레임 안에서 청년들은 서로를 반목해 왔다. 이는 세대론이라는 프레임의 결과임에도 불구하고, 기성세대는 언론을 동원하여 그것이 청년들이 만들어내고 있는 문제임을 지적했고, 많은 이들은 이러한 반목의 근본적 원인인 구조적 모순을 인식하지 못한 채 청년들을 탓하고 비난했다. 물론, 이를 악용한 극단적인 갈등론자들은 청년 세대 안에도 존재한다. 하지만 그들의 사례는 오늘날 한국 사회를 지배하고 있는 세대론으로 일반화되기에는 과잉 대표된 경향이 있다.

그렇다면 세대론이라는 프레임에 가려진 청년들의 진짜 갈등은 무엇일까? 임명묵은 『K-를 생각한다』에서 청년들이 보이는 공정에 대한 민감한 반응 이면에 자리 잡고 있는 것은 내 몫을 확보할 수 없는 위기의 상황에 대한 불안감이라고 진단한다. 그들이 공정을 요구하는 것은 구조적인 모순을 해결하라는 주장이라기보다는 내가 불리하지 않다는 안정감을 취하고 싶다는 요구로 해석할 수 있다는 것이다. 따라서 사회 현안에 대한 이들의 입장이 지속적으로 바뀌는 이유, 특정 집단과 갈등의 입장을 고수하는 이유는 타인을 폄훼함으로 자신의 위치를 고수하고, 스스로를 평가절상하는 자기 보호의 감정적 반응이다. 청년세대들의 혐오와 차별은 보수화나 가치관의 차이에 근거한 갈등이라기보다는 마음의 문제인 것이다.

혐오와 차별, 갈등과 배제로 양분화되고 있는 청년세대의 현실에 대한 책임은 세대론이라는 프레임, 세대 간 갈등을 조장하는 기득권자 기성세대들에게 있다. 하지만, 프레임의 문제를 해결하는 것과는 별개로 마음의 문제로 인해 고통 받고 있는, 타인에게 원치 않는 상처를 주고 있는 청년들을 치유하고 회복하기 위해서는 혐오와 차별과 같은 폭력의 줄을 끊어버릴 필요가 있다. 이는 이것을 문제로 인식할 수 있는 기성세대들의 책임이자 역할이다. 오은영 선생님은 늘 옳다.

3) 귤은 없다.

물론 청년들의 마음의 문제를 근원적으로 해결하기 위해선 결국 구조적인 문제를 해결해야한다. "구조적인 문제? 누구는 겪지 않았나?" 와 같은 생각이 먼저 든다면 오은영 선생님을 다시 만나볼 필요가 있다. 그것이 아니라면 청년들이 겪고 있는 현실을 적나라하게 들여다 보고, 그들을 이해해야 한다. 영화 〈버닝〉에서 전종서 배우는 귤을 먹는 마임을 잘하는 법을 이와 같이 설명한다. "여기 귤이 있다고 믿는게 아니라 귤이 없다는 것을 잊어버리는 거야. 먹고 싶다는 간절한 생각만 있으면 돼. 그러면 입에 침이 고이고 진짜 맛있는 귤을 먹을 수 있어."

청년들에게는 귤이 없다. 작금의 MZ세대를 통합할 수 있는 몇 안되는 지표 중 하나는 그들이 부모세대보다 가난한 세대라는 것이다. 그들에게는 일자리도, 주거공간도 약속된 바가 없다. 삶을 지속하기 위해 결혼, 출산, 인간관계, 심지어 꿈과 희망까지도 포기하는 N포 세대라는 표현이 유행한 지가 불과 몇 년 전이다. 이제 들리지 않는다고 해서 그들의 상황이 나아진 것이 아니다. 그저 기성세대들이 그 표현조차 쓰고 버렸을 뿐이다. 과연 기성세대들은 N포 세대라는 표현을 사용하며 무슨 생각을 했을까? 정말로 귤을 제공하고자 히는 마음은 있었는가?

혹자는 어려운 상황은 늘 있어왔다고 청년들을 탓한다. 하지만, 어려운 상황을 인지하는 사람의 관점이 바뀌었다. 처음으로 돌아가 보자. MZ세대의 가장 두드러지는 특징은 디지털 기술을 사용하는 것에 능숙하다는 것이다. 그들이 디지털 기술을 활용하여 무엇을 하겠는가? 세상을 만난다. 자신의 취향과 선호를 발견한다. 넷플릭스와 같은 OTT 서비스가 성공하는 이유, 모바일 게임이 흥행하는 이유는 분명하다. 그들은 자신들이 좋아하는 것을 안다. 그리고 그들이 원하고 바라는 것은 자신의 물리적 경계를 뛰어넘는다. 그만큼 취향이 다양해지고 수준이 높아졌다.

하지만, 현실은 그와는 정반대이다. 각박해질 대로 각박해 진 상황에서 도저히 나아질 기미가 보이지 않는다. 이상과 실재의 괴리는 상당한 정신적, 육체적 불안을 낳는다. 철학자들은 이것을 실존의 고민이라 부른다. 그들의 고민은 단순히 은행 잔고나 좋은 직장을 넘어선다. "행복"에 관심이 많다는 것이 말초적인 흥미만을 의미하는 것이 아니다. 그들은 존재의 행복을 원하고 있다. 실존적 고민이다.

## 3. MZ = X

### 1) 전제

지금까지 우리는 한국 사회의 MZ세대에 대한 이야기를 해보았다. MZ세대가 의미하는 바, 그들의 특징이라 불렸던 것들, 그리고 그 이면에 자리 잡고 있는 세대론이라는 프레임과 그 안에 존재하는 기득권 기성세대의 욕망. 세대담론에 의해 가려진 청년들의 진짜 현실까지 살펴보니, MZ = X라는 공식이 세워진다. 그들은 여전히 "미지수"이다.

그렇다면 기독교는 그들을 위해 무엇을 할 수 있는가? 아주 큰 전제에서부터 이야기를 시작하려 한다. 기독교는 당장 귤을 만들어 줄 수 있는 능력이 없기 때문이다. 그래서 다른 접근이 필요하다. 전제는 이렇다. 모든 종교는 특정한 세계관을 가지고 있으며 이는 그 종교에 속한 이들에 의해 공유되고 실천된다. 이 세계관은 가장 뛰어난 것을 가르친다는 종교의 문자적 의미에 부합하며, 이는 곧 종교에 속한 이들을 건강한 사회 구성원으로 만든다는 것을 의미한다. 기독교의 세계관은 예수에 의해 시작된 하나님 나라의 완성을 목적으로 한다. 하나님 나라는 비현실적, 혹은 내세적 실재가 아닌 대안현실적, 혹은 현실 전복적 실재이다. 이는 맹목적인 저항이나 세속적 가치의 거부가 아니라 한 사회의 공동선을 기독교적 관점에서 실현하는 행위를 통해 구체화된다.

### 2) 평등, 형평, 그리고 해방

기독교적 관점에서 실천할 수 있는 공동선은 무엇인가? 앞서 살펴본 청년들의 불안감을 해소하기 위해 사회가 제안할 수 있는 방법은 평등과 형평의 가치에 근거한 정책이다. 하지만 이는 어디까지나 구조적 부조리를 일시적으로 극복하기 위한 수단에 불과하다. 하나님의 나라라는 전복적 실재를 실천하는 기독교인들은 평등과 형평이 아닌 해방을 추구한다. 해방은 구조적 모순 자체를 없애는 과정이다. 물론 "해방"이라는 단어가 주는 어감이 다소 부담스럽게 들릴 수도 있다. 하지만, 그렇게 들린다면 그것은 이 단어에 대한 선입견이 있거나, 이 단어를 듣고 7-80년대 운동을 생각하는 기성세대라서 그렇다. 소녀시대의 "다시 만난 세계"를 부르며 자신들의 목소리를 낼 정도로 세련된 청년들은 해방을 처절한 투쟁으로만 인지하지 않는다. 그들은 그만큼 세련됐다.

혹 기독교인들 중에 "해방"이라는 단어에 민감한 사람들이 있을 수도 있다. 하지만, 성경을 제대로 읽어보라. 얼마나 많은 하나님의 백성들이 수많은 세속적 가치에 저항하며 하나님의 통치를 선포하고, 하나님의 나라를 만들어 왔는지 발견하게 된다. 그것을 "해방" 말고 다른 말로 표현할 길이 없다. 이는 억압하는 권력 구조에 대한 저항이며 하나님의 통치를 대안으로 제시하는 실천적 활동이다.

### 3) 하나님의 정의는 부족함이 없다

그럼에도 불구하고 여전히 "해방"이 부담스럽다면 사고의 전환을 해보자. 청년들은 미지수이며, 미지수에게는 무한의 가능성이 있다. 청년들의 마음의 문제는 무엇이었는가? 다른 이들이 내 몫을 빼앗아가는 것에 대한 두려움과 불안이었다. 하지만, 현실을 잘 살펴보자. 귤이 없다. 빼앗길 것이 그리 많지 않다. 상황이 이렇게 되면 눈을 다른 곳으로 돌릴 수 있다. 귤이 많을 때는 귤만 보이지만, 귤이 없으면 다른 것이 보인다. 얼마전 레베카 솔닛의 인터뷰 글을 읽다가 그녀의 말에서 큰 깨달음을 얻었다. 예수께서 가르치신 사랑, 정의, 평화와 같은 가치들은 결코 부족함이 없다. 다른 사람들이 먼저, 많이 가져간다 해도, 충분히 많이 남아 있다. 그것은 마르지 않는 강이요 목마른 이가 없는 샘이다.

우리는 청년들이 이것을 보고 이것을 끊임없이 소유하기를 바라고 알려야 한다. 다시 한 번 말하지만 귤은 청년세대가 충분히 나눠 가질 만큼 넉넉하지 않다. 그마저도 일부의 손에 들려 있으니.

### 4) 실제적 제언

그럼에도 불구하고 너무나 이상적이라 생각한다면 그래서 현실적인 조언이 필요하다면 물론 기독교적 관점이 어찌 "현실"적일 수 있겠냐만은 다음과 같은 부분에서 조금 더 함께 힘을 썼으면 좋겠다. 먼저 교회가 앞장서야 할 부분은 "다음세대"라는 표현부터 사용하지 않는 것이다. "다음"이라는 표현은 끝없는 타자화를 전제한다.

청년들은 지금 교회에 있다. 그들은 다른 성도들과 마찬가지로 하나님의 백성이며 함께 하나님의 나라를 만들어가는 동역자들이다. 청년들 역시 스스로를 "다음세대"로 규정하지 않았으면 좋겠다. 지금 나의 신앙을 돌아보는 것에서부터 하나님의 나라를 만들어 나갈 수 있을 것이다.

둘째로 청년들의 마음에 불안감과 두려움이 있는 것, 때로는 감정적인 선택을 하고, 그것이 누군가를 반목하는 결과를 낳는다고 해서 기성세대가 그들을 탓해서는 안된다. 청년 시절에 감정의 널이 뛰지 않는다면 우리는 그들을 청춘이라 불러서도 안된다. 다만 그들의 감정이 널뛰는 것이 스스로의 선택인지 누군가에 의해 널뛰게 된 것은 아닌지 경계할 필요는 있다. 이는 청년들 스스로도 경계하고 주시해야 한다. 누군가는 끊임없이 프레임을 만들 것이고, 언론은 끊임없이 갈등을 조장할 것이다. 사랑으로 감시하고 저항하라.

셋째로 미지수의 가능성을 활용했으면 좋겠다. 상처 입은 사람이 상처 입고 있는 사람을 위로할 수 있고, 없어본 사람이 없는 사람의 상황을 이해할 수 있듯, 마음이 부서져 본 사람은 부서진 것들을 포용할 수 있다. 파커 팔머는 『비통한 자들을 위한 정치학』이라는 책에서 마음이 부서진 것이 아니라 마음이 열린 것이라 이야기한다. 그리고 그런 사람들만이 절망하고 좌절한 이들을 힘껏 끌어안고 함께 걸어 나갈 수 있다고 주장한다. 기독교인 청년들은 미지수이자 무한한 가능성을 가진 사람들이다. 세상을 창조한 하나님을 믿기에 그러하다. 그들의 마음은 부서진 것이 아니라 열린 것이다. 그렇게 세상을 조율해 나갔으면 한다.

## 4. 나가며

마지막으로 청년들에게 하고 싶은 말이 있다. 얼마 전 유시민 작가의 이야기에 전적으로 동의한다. 그대들은 오늘날 가장 똑똑한 세대이다. 가장 창조적이고, 가장 생산적이다. 부디 자신을 믿었으면 좋겠다. 아니, 기독교인 청년들이니 이렇게 표현하는 것이 좋겠다. 하나님이 만드셨으니 자신을 믿어라. 믿지 못하겠다면, 하나님이 만드셨으니 그대들을 믿는 나를 믿어라.

다소 오글거리지만 진심을 다해 전하고 싶었다.

## 2. 청년들은 어떤 기독교 공동체를 원할까?

김선일 교수(웨스트민스터신학대학원대학교)

### 들어가는 말

위 제목은 게르하르트 로핑크의 명저 『예수는 어떤 공동체를 원했는가?』를 기억하면서 청년들에게 적용한 것이다. 로핑크는 가부장적 위계주의를 벗어나 상호 헌신적인 공동체를 의미했다고 말한다. 존 하워드 요더 역시 『예수의 정치학』에서 비폭력과 인내를 형성하는 공동체를 말하면서, 정의를 위한 강제의 현실성, 필연성과 거리를 둔다. 로버트 뱅크스는 『바울의 공동체 사상』에서 초기 기독교가 고대 그리스-로마 사회에서 진정한 코이노니아와 가족됨을 제공하는 곳이었음을 증명했다. 그 외에도 기독교 공동체의 정수가 무엇이었는지에 대해서 많은 연구들이 있었는데, 전도학자로서 내 관심은 공동체 그 자체가 어떻게 전도의 역할을 수행하느냐에 있다.

우리는 오랫동안 전도를 특정 은사나 열정을 지닌 개인의 역량과 헌신에 의해 이루어지는 것으로 생각해왔다. 그러나 역사적으로 전도는 개인의 활동 뿐 아니라 기독교 공동체 그 자체가 전도적 기능을 해왔다고 본다. 즉, 기독교 공동체가 어떠한 성품과 습관을 공유하며 그것을 외부를 향해서 실천하느냐가 실제 전도의 효과를 가져온다. 인간은 자율적 개인의 사색과 탐구를 통해서 독자적으로 회심 여정에 들어서기보다, 그가 신뢰하고 교류하는 이들과의 관계, 사회적 자본을 통해서 그들이 공유하는 신념에 동화될 가능성이 높기 때문이다. 그런 의미에서 본 발제문은 청년세대를 위한 전도의 관점에서 그들에게 다가갈 수 있는 공동체가 무엇인가에 대한 생각을 나누고자 한다.

**1. 청년문화에 대한 인식의 간극**

최샛별 교수의 세대 분류에 따르면 전형적인 유신/베이비붐 세대에 속하는 발제자로서 MZ세대의 문화와 정서를 체감적으로 이해하기에는 어려움이 있다. 사고의 패턴과 가치의 비중에서 분명한 차이가 있다. 기존의 방식대로 정의하기 어려운, 아니 정의를 시도하기 힘든 청년 세대를 가급적 겸손히 헤아릴 뿐이다. 청년 세대의 문화에 대해서는 이민형 박사의 발제를 통해서 더욱 전반적인 토론이 이루어지리라 예견하며, 본 발제자는 현재의 청년문화에 대한 몇 가지 극히 주관적인 소감을 먼저 나누고 싶다.

첫째, 현재의 청년문화에 대한 논의에서 세대 간, 성별 간 분리를 꾀하는 시도나 해석에 대해서는 거리를 둘 필요가 있다. 특히 이번 대선을 거치면서 정치적인 유불리 계산에 따라 성별과 세대의 이합집산을 도모했던 현상은 엄정하게 비판적으로 재고되어야 한다. 분명히 성별과 세대 간 서로 다른 가치와 성향은 존재한다. 그러나 이는 기독교 공동체에 상호 이해와 통합의 과제를 안겨줄 뿐이다. 표면적으로 드러난 현상을 보고 집단을 도덕적 대상화시키는 것은 삼가야 할 것이다.

둘째, 특정 집단에 대한 일반화는 그 구성원들과의 객관적인 대화를 통해 상호 이해에 이르는데 가장 주요한 방해요인이 된다. 예를 들어, '20대의 보수화'라는 진단이 쉽게 오르내렸는데, 여기서 보수화되었다는 20대의 구성원들은 하나의 묶음으로 정의될 수 있는 집단이 아닐뿐더러, 실제 이번 대선 출구조사 결과에서 성별 상 차이가 두드러졌다. 더군다나, 20대 남성의 보수적 의견도 기성세대의 보수적 관습과는 분명히 다른 결을 보인다. 20대 남성의 상당수가 페미니즘에 대해서 매우 비판적인 태도를 보인다고 하지만, 그들이 사회에서의 성평등 문제에 대해서 보수적이지는 않다. 그들의 태도는 보수냐, 진보냐의 이분법 보다는 각자의 경험과 입장에서 바라보는 공정함의 차이로 보는 것이 더욱 적절하다. 이러한 세밀한 구분 없이 단순히 진보적 가치와 대립되는 보수화로 그들의 집단적 성향을 규정하는 것은 섣부르다. 물론 일부 커뮤니티에서 노골적인 비하와 혐오의 표현들이 쉽게 등장하는 것도 사실이다. 그러나 그러한 언어와 행동이 한 집단의 전체 특성을 대변한다기보다는, 일반적 정서의 일탈적이고 극단적 표출로 간주해야 할 것이다. 실제로 정반대의 정치적 입장을 공유하는 커뮤니티에서 그와 비슷한 혐오적 표현은 등장한다. 적어도, 청년들의 공간에서는 고정된 정파성은 두드러지지 않고 그들의 삶에 더욱 효능을 주는 정치적 선택을 선호하는 유연성이 더 우세하다.

셋째, 현재 청년세대는 기성세대의 역사적 경험과 그에 따른 사회에 대한 해석과는 다른 층위에서 현실을 경험하며 조망하고 있다. 노년층과 중장년층이 각기 산업화와 민주화의 가치에서 사회의 의제를 설정한다면, 청년층은 그와 같은 이념적 시각의 굴레에서 거의 자유로운 상태에서 자기 정체성을 추구하며 자신들에게 좋은 삶이 무엇인지, 누가 그러한 삶에 근접할 수 있는지를 평가한다. 과거 한국사회의 의제를 규정했던 방식으로는, 저출산, 고령화, 양극화, 부동산 폭등, 자산 격차, 취업난, 젠더갈등, 다문화, 중국의 부상 등과 같은 문제들을 풀 수 없기 때문이다. 임명묵의 말처럼, "새로운 시대를 열기 위해서는 먼저 지금의 시대가 어떤 시대인지, 과거와 무엇이, 왜 달리졌는지를 규명해야 한다. 그리고 이는 자신의 삶과 경험을 의심하며, 바뀐 세상을 직시하는 자세를 요구한다." "1987년에 머물

러 있는 정치…'낡은 렌즈' 벗어던지고 새 시대 열자" 한국경제신문. 2022년 3월 1일

## 2. 청년세대의 문화와 심리

위와 같은 청년문화에 대한 인식의 전환이 필요함을 염두에 두면서, 현재 캠퍼스에서 교목으로 활동하는 반광준의 청년세대 문화와 심리에 대한 설명을 살펴보자. "선포중심의 청년선교신학"「선교와 신학」54, 2021; 240-246

### 1) 솔직함과 위선

세월호, 국정농단, 촛불정국에서 가장 앞장 선 청년세대는 공정함과 투명함에 대한 폭발적 열망을 보여줬다. 이러한 문제의식은 그들이 기존에 비판하던 진영과는 정 반대에 있던 진보적 정치세력의 가족 및 성범죄 논란에서도 같은 방식으로 표출되었다. 이들은 정치적, 사회적, 도덕적 신념을 드러내는데 있어서 정파를 가리지 않고 과감한 입장을 취한다. 반면, 반광준은 버닝썬이나 N번방사건, 디지털성범죄, 데이트폭력, 남녀 혐오사건 등에서 청년들의 윤리와 도덕성 문제가 심화되기 때문에 이를 위선적이라고 평가한다. 이처럼 특정한 사건들을 놓고 청년세대의 문화에 위선성이 있다고 규정하는 것이 공정한 관찰인지에 대해서 의문이지만, 어쨌든 모든 세대의 문화적 현상들에 대해서는 장단점을 골고루 진단하는 것은 필요하다고 본다. 아무튼 솔직함과 위선에 대한 민감성이 청년세대에서 더욱

두드러지는 의제임은 분명하다.

### 2) 의미와 경험

청년들은 인터넷을 통한 정보수입에 익숙하기 때문에 사실을 확인하는데 신속하고 주저함이 없다. 그래서 이들은 형식과 명분보다는 실질적으로 의미 있고 가치 있는 일에 더욱 적극적, 자발적으로 참여한다. 인권, 정의, 환경 등의 문제들에 대해서도 이들은 오히려 기성세대보다 더 당사자적 의식을 갖고 활동한다. 착하고 양심적인 사업체의 매상을 올려주는 '돈쭐내기'와 같은 집단적 행동은 그들의 공동 실행력을 잘 보여준다. 그리고 "청년들은 자신을 진심으로 이해하고 공감해주는 사람들과 공동체에 대해 반응하며 지지를 나타내며 그들과 의미 있는 관계를 맺고자 마음을 연다." "선포중심의 청년선교신학", 243

### 3) 정체성 혼란

청년의 시기에서 가장 중요하고 시간을 요하는 과제는 정체성의 발견과 확립이다. 요즘은 취업 전망이 불분명해지고 부모에게 정신적, 경제적으로 의존하는 기간이 길어지면서 자기만의 정체성을 확립하는 기간이 지연되고 있다 해도 과언이 아니다. 이러한 상황에서 청년들은 자신이 주체저으로 자유롭게 선택한 정체성이 아니라, 주변의 문화와 시선에 의해서 강요된 정체성을 자신의 것으로 착각하는 '정체성 유실 현상' "선포중심의 청년선교신학", 244을 보인다.

### 4) 낮은 자존감

자존감이란 자기 스스로를 존중하고 만족하는 정서적 인식인데, 오늘날 많은 청년들이 낮은 자존감에 시달리고 있다. 청년들의 은사와 소명에 대한 상담을 하다보면, 자기 정체성은 고사하고 자신들이 무엇을 좋아하는지, 무엇을 하고 싶은지조차 혼란스러워하는 경우를 자주 접하게 된다. 낮은 자존감이 형성된 데에는 개인적, 환경적 요인들이 있겠지만, 오늘날 좁아진 취업관문과 능력주의로 인한 열패감과 소비 자본주의와 SNS를 통한 비교 의식도 큰 요인으로 작동하는 것 같다.

## 3. 청년문화에 대한 공동체적 접근

반광준은 이러한 문화 속의 청년들에게 전인적 회복과 제자도를 요구하는 복음의 선포를 주창한다. "선포중심의 청년선교신학": 250-255 그리고 이러한 선포중심의 청년 선교는 다음의 세 가지 공동체 형태로 나타난다고 말한다. 첫째로는 '낭독 공동체'로서 이는 단순히 개인적인 말씀 묵상이 아니라 공동체가 함께 말씀을 소리 내어 읽고 선포함으로써 말씀을 통한 전인적인 변화를 공동 경험할 수 있다는 것이다. 이는 또한 최근 청년들의 중독적인 스마트폰과 SNS 의존 형태에 대한 저항적 실천이 될 수 있다. 둘째는 '증언 공동체'로서, 이는 죄고백과 생생한 현장의 이야기를 나누는 공동체다. 특히 복음을 자신들의 삶에서 경험하고 풀어내는 이야기들을 나눔으로써, 청년들은 복음에 대한 토론과 변증의 자리에 참여하게 될 것이라고 한다. 셋째는 '행함 공동체'로서 말씀을 실천하는 진정성 있는 제자도의 공동체이다. 이는 복음에 합당하고 세속적 가치의 유혹에 저항하며 고결한 윤리적 삶을 격려하고 실천하는 공동체다. 반광준은 이러한 세 가지 공동체의 실천적 모형을 통한 청년 친화적이며, 복음선포적인 공동체를 제시한다.

이와 비슷한 측면에서, 장형철은 현재 청년 문화의 문제를 '내현적 자기애'covert narcissism의 심화로 분석하며, 이에 대한 선교적 함의를 제안한다. 장형철, "최근 청년문화의 특성과 선교적 함의에 대한 고찰" 「대학과 선교」 43: 189-194 첫째는, 실패한 자기만족에서 영성교육이다. 청년들이 소비나 SNS 활동을 통해서 자신의 존재 의미를 충족하긴 어렵다. 따라서 이러한 자기만족의 실패는 기독교 선교의 접촉점이라고 그는 말한다. 특히 강력한 인정욕구와 정서적 표현 억제가 겹치는 이 시기에 영성훈련을 통한 치유와 회복이 필요하다고 한다. 소비문화의 유혹에 시달리는 청년들은 신앙 공동체를 통해서 체계적인 영성교육을 경험할 필요가 있다는 것이다. 구체적으로, 기독교 대학에서는 채플, 기독교 교과목, 해외현장학습, 신앙공동체 참여, 봉사활동, 인성교육, 상담과 멘토링 등이 영성훈련의 실제로 고려할 수 있다고 한다. 둘째로, 장형철은 자기애를 넘어서게 하는 신앙공동체 형성을 말하는데, 이는 개인과 신앙공동체가 상담과 돌봄을 통해서 서로 협력하고 연결되는 경험을 말한다. 여기서 그는 개인적 상담을 넘어서, 자기 정체성을 형성하도록 지지하는 동반자로서의 성숙한 공동체와의 연결을 강조하는 것으로 보인다.

### 4. 청년세대에 대한 공동체적 전도

최근의 전도에 대한 연구에서 주목할만한 결과는 공동체의 전도라 할 수 있다. 믿지 않는 개인이 그리스도인 개인에게 개인적으로 전도를 받아서 제시된 복음에 동의하고 영접 기도를 드린 후에 교회나 기독교 공동체로 인도되는 것이 아니라, 먼저 기독교 공동체를 경험한 다음에 그 안에서 복음에 대해 듣고 질문하는 과정을 거치며 점진적으로 회심에 이르는 것이 공동체 전도라 할 수 있다. 이를 가리켜 믿음 이전의 소속belonging before believing이라고 부르기도 하며, 교회역사에서 오랫동안 사실상 실천해왔던 전도 방식이기도 하다.

오늘날 청년들을 비롯한 교회 밖 사람들에게서 None과 Done이 늘어났다고 한다. None은 아예 교회 경험이 없는 사람들이며, Done은 교회에 다녔으나 여러 가지 이유로 교회를 떠나고 신앙을 포기한 이들을 말한다. 이 두 용어는 서구와 미국의 기독교문화를 배경으로 하고 있지만, 한국과 같이 기독교가 크게 성장했던 지역에서도 교회 밖 사람들의 현상을 가리키는데 사용될 수 있다. 미국 트리니티신학교에서 MZ 세대에 대한 전도학적 연구를 하고 이를 *Not Done Yet*이라는 제목의 저서로 출간한 Ben Severson은 그의 집중적인 조사를 통해서 교회 내의 전도In-Church Evangelism, 즉 공동체를 통한 전도를 주장한다. *Not Done Yet*, IVP, 2020.

그는 오늘날의 청년들은 과거 세대와는 다른 유연하고 자유로운 스타일로 선택을 하는데, 종교에 대한 탐구도 마치 자기에게 잘 맞는 옷을 찾는 과정과 비슷하다고 한다. 그들은 믿음에 앞서 소속belonging과 행함doing에 더욱 끌리는 경향이 있다. 따라서 대부분의 기성교회들과 달리, 청년전도에 효과적인 교회들bright spot churches은 1) 교회 밖 청년들과의 관계를 주선하는데 적극적이며, 2) 의도적으로 청년들을 신앙여부와 관계없이 교회나 기독교 공동체 모임에 초대하고, 3) 그들을 환영하고 편안한 환경을 제공하며, 4) 그들에게 공동체 안에서 봉사에 참여할 수 있는 기회를 주고, 5) 멘토링, 상담, 코칭 등을 통해서 그들과 인격적인 교제를 나눈다고 한다.

Severson은 정체성을 탐구하는 시기의 청년들은 자신보다 더 큰 공동체와 세계관 안에서 의미있는 실천들사회정의, 돌봄, 섬김 등을 경험하며 자기 정체성과 신앙을 연결할 수 있다고 말한다. *Not Done Yet*, 22 약자를 옹호하고 정의를 실천하는 것은 예수를 모르는 이들에게도 전도적 메시지가 된다. 청년들은 기독교 메시지가 어떻게 교회 밖에서도 변화를 일으키고, 약한 자들을 돌보는지 알고 싶어 하기 때문이다.*Not Done Yet*, 145 청년전도에 효과적인 교회들은 청년들의 정체성을 찾는 과정에서 그들로 하여금 교회에 속함으로써, 혹은 기독교 공동체에 참여하게 함으로써 자기 정체성을 개발할 수 있도록 돕는다. 청년들은 교회에 다닌 뒤에 머지않아, 주일학교나 청소년 모임의 헬퍼로, 돌봄과 구제사역 봉사자로, 음향이나 영상사역 도우미로 봉사한다. 교회에 소속되는 것은 그들에게 교회 출석자처럼, 공동체 멤버처럼, 소그룹 참여자처럼, 봉사자처럼, 그리스도를 믿고 따르기 전에 그리스도인의 역할을 체험하게 만든다.*Not Done Yet*, 119 그리고 사역자들은 청년들의 봉사와 기여에 감사를 표하며 그들의 경험에 대해서 대화하며 영적 멘토링을 할 수 있다.*Not Done Yet*, 98 이는 회심 과정에서 먼저 소속과 행동을 통해서, 궁극적으로 신념과 헌신이 형성되는 순서를 갖게 된다. 이러한 교회 내의 전도, 또는 공동체의 전도는 현 시대의 청년들에게 가장 효과적인 사역의 형식일 것이라고 그는 주장한다. 특히 결혼과 가족 구성이 지연되고, 청년들을 지원하는 공동체가 축소되는 현실에서 이와 같은 정체성 탐구를 위한 실험 공동체는 그들의 삶에서 대안적 후견인 역할을 할 수 있을 것이다.

결론적으로, Severson은 청년들에게 매력적으로 다가가는 공동체의 특성들로 진정성, 안전함, 솔직함, 아는 척하지 않기, 가르치려 들지 않기, 교회의 허물과 과오를 진솔하게 인정하기, 신앙이 없는 이들에 대한 배려라고 한다.*Not Done Yet*, 146-148 청년들은 이러한 공동체를 먼저 경험하고 그 공동체의 일원이 됨을 느끼면서, 그 공동체가 믿는 바에 비로소 관심을 갖고 그것을 받아들인다는 것이다. 그렇다면 기독교 회심에서 공동체를 경험하고 신앙을 탐구하는 과정은 이전보다 더욱 길고 두터워져야 할 것이다.

### 5. 결론을 대신해서

얼마 전 발제자는 지난 5년 이내에 교회에 새신자로 등록한 이들과 인터뷰를 한 일이 있다. 그들 중 한 20대 여성은 기독교가 전통적인 신앙과 보수적인 가치관을 애써 감추려 할 필요가 없다고 했다. 자신은 이미 기독교가 동성애에 대해서 비판적이고, 타종교에 구원의 가능성을 인정하지 않는 것을 안다고 한다. 그러나 자신은 삶에서 신앙이 왜 필요한지를 알고 싶고 경험하고 싶기 때문에 교회 문을 두드렸다고 한다. 그는 자신이 출석하는 교회가 비록 몇 가지 의제에서는 자신의 입장과 다르지만, 그 다름을 흔쾌히 인정하면서 함께 연대할 수 있음에 긍정적인 인상을 얻었다고 한다. 아직은 그리스도인들이 받아들이는 그 믿음의 내용에 동의되지 않는 부분이 많다. 그래도 괜찮다. 그러한 차이가 서로의 교류와 연대를 막지 않는다는 것을 보여주었기 때문이다.

청년들이 원하는 공동체는 가르치려 드는 꼰대들의 공동체도 아니지만, 일단 청년들을 끌어당기기 위해 외형적 호의를 베푸는 교회가 아니라 그들이 발언하고 참여할 수 있도록, 그리고 솔직하고 안전하게 그들의 믿음 없음도 도와주는<sup>막 9:24</sup>, 현실에 뿌리내린 공동체가 아닐까?

# 논찬 1

신승철 간사(IVF 동서울)

**들어가며. 고인물 담론 20대**

논찬자는 그 유명한 'MZ세대'의 첫째인 81년생이다. X세대와 문화를 향유하며 자랐지만, 70년생들에게 손절당하고 강제로 MZ세대에 병합되어 도무지 이해할 수 없는 20대와 한세대가 되어버린 '경계인'이다. 경계도 경계 나름이지 38선을 최전방에서 충청도까지 그어버렸으니 경계가 국토의 절반인 셈이다. 신세한탄을 하자는 게 아니라 MZ세대라는 말이 얼마나 허망한 개념인지를 말하고 싶었다.

20대에 대한 담론은 과포화상태에 이르렀다. 페북 아이디가 있는 사람들은 이미 한 마디씩 다 거들었다. 급기야 20대 담론은 이번 대선을 계기로 '고인물 담론'이 되었다. 최근에는 지금의 10대가 20대가 될 미래를 예상하여 내놓은 분석도 보았다. 더 이상 새로울 것이 없는 말을 굳이 하고 싶어 10대가 20대가 되길 기다리고 있는 사람들도 있는 것이다.

이쯤 되면 분석은 의미가 없다. 방법론의 문제가 아닌 것이다. 20대에 맞는 방법론을 찾아 타게팅하려는 것은 어쩌면 기성세대의 모더니즘적 환상일 뿐이다. "정말 외람되오나" 나는 이것을 '지적 한탕주의'라고 부르고 싶다.

### 〈MZ=X〉에 대한 논찬

이민형 교수님의 발제안을 읽으면서 그전에 나름대로 끄적여 놓은 메모와 일치점이 많아 놀랐다. 마치 내가 그림판에 발로 그려놓은 것을 오토캐드와 3D맥스, 일러와 포토샵으로 정밀하고 입체적으로 설득력 있고 풍성하게 담아내신 것 같았다. 고개를 연신 끄덕이며 흥미롭고 유익하게 읽었다.

### 청년은 실재하는 현실이다

청년 담론이 기성세대의 정치적 관심과 상업적 욕망이 만들어낸 프레임일 뿐 청년들의 실제 삶과 연관이 없다는 발제자의 주장에 매우 동의한다. 청년들의 실제 삶은 각 개인이 느끼는 불안과 고통을 통해 발견할 수 있는 것이지, 그들을 단순화/타자화해서 우리가 건질 수 있는 것은 없다. 현상을 보는 순간 길을 잃게 된다. 현상 이면에 복잡한 현실이 있기 때문이다. 이대남의 보수화는 몇몇 정치적 의제에 의해 표출되었을 뿐이지 그것으로 이들을 규정할 수 없다. 리트머스 종이는 단 하나의 성분만 분석할 뿐 그 이상의 아무런 정보도 제공하지 않는다. 이들은 정치에 도른 자들이 아니다. 더 중요하고 다양한 관심사가 있다.

물론 기성세대의 눈에 지금 20대가 성에 안찰 수 있다. 하지만 20대는 늘 미숙했다. 그럼에도 20대가 위대한 것은 한 시대의 부조리를 온몸으로 받아내는 세대이기 때문이다. 부조리를 인식하는 것과 경험하는 것은 차원이 다르다. 우리는 이들의 지평을 존중해야 한다.

20대에게는 그냥 주어진 것들이지만 기성세대에게는 서사가 담긴다. 산업화-민주화의 서사, 삐삐-스마트폰의 서사, 도스-윈도-맥의 서사가 그들에겐 없다. 현실은 그냥 기본값이다. 우리의 서사를 그들에게 강요해 봐야 재미도 감동도 없다. 역사를 잊은 민족에게 미래는 없다고 말해주고 싶겠지만 어차피 이들에게 미래는 없다 그래서 선입견 없이 현실의 부조리 앞에 반응할 수 있다. 부조리에 대한 반응이 맘에 들지 않고 여러 우려가 생기더라도 우선 겸손히 그들을 이야기를 들어야 한다. 우리는 청년들의 실제 경험에서 이야기를 시작해야 한다.

MZ세대=X세대

처음 발제문의 제목만 보고 감탄했다. "MZ=X라니, 맞아! MZ세대도 X세대도 결국 똑같은 인간일 뿐이야." 하지만 발제문을 읽어보니 X는 미지수였다. 하지만 아직도 발제자님의 숨겨 놓은 의도라고 굳게 믿고 있다

MZ세대는 변화한 세상을 살아가는 우리와 같은 존재일 뿐이다. 우리가 이들을 이해하지 못하는 이유는 우리가 변화한 세상에 적응하지 못했기 때문일지도 모른다. 세대론은 오히려 기성세대들의 불안을 잘 드러낸다. 포집되지 않는 실체, 자신들의 방식이 통하지 않는 사람들에 대한 불안 말이다. 기성세대는 자신들의 부적응을 젊은 이들에게 떠넘기며 전선을 형성한다. 낯선 이들에 대한 배제와 혐오는 기성세대가 먼저 시작했다. 청년들의 불안감이 혐오와 차별로 표현된다는 발제자의 매우 적절한 주장은 위 세대에게도 동일하게 적용할 수 있다.

귤은 있지만 없다.

최근 논찬자는 갓 대학을 졸업한 신입 간사들에게 대학 문화에 대해 강의하는 주제넘고 어이없는 시간을 보냈다. 내가 준비한 강의안에 따르면 대학생들은 경제적, 시간적, 정서적, 전망의 부재라는 총체적 가난을 겪고 있다. 대학생들과 함께하며 느끼는 특이점은 이

들이 가난하지만 돈이 있다는 것이다. 살 건 사고 먹을 건 먹는다. 현실을 누리기 위해라고 쓰고 살아남기 위해라고 읽는다 너무 많은 것을 포기해야 하는 가난이다. 그런 의미에서 귤은 있지만 없다.

또한 대학생들은 가난하기만 한 게 아니라 아프기도 하다. 우울증과 정서적 어려움을 겪는 친구들이 많다. 그런데 이런 아픈 몸을 이끌고 일찍부터 취업전선에 뛰어들어 치열하게 싸워야 한다.

졸업한 학사들로부터 요즘 대학생들은 어떠냐는 질문을 많이 받는다. 이전보다 더 가난하고 아프고 치열하게 살아가기에 이전 세대와 다른 것은 당연한 일이다. 사람이 달라진 게 아니라 상황이 달라진 것이다. 곳간에서 인심이 난다. 먹을 게 없는데, 시간이 없는데, 아프고 정신이 없는데 어떻게 포용하고 나눌 수 있나?

결국 그들도 인간일 뿐이다. 새로운 방법은 없다. 각자에게 맞는 방법이 있을 뿐이다. 그들을 다른 존재로 보지 말고 그들의 상황에 주목해야 한다. 오늘 발제문에 대해 20대가 어떻게 느끼는지 궁금해서 학생들 몇 명에게 원고를 읽어보게 했다. 한 친구의 이야기에 가슴이 아팠다. "하나님이 만드셨으니 자신을 믿으라 하셨는데, 나의 경쟁자인 그들도 하나님이 만들지 않으셨는가?"

논찬자가 볼 때 한국 교회는 영적 능력은 없지만 "당장 귤을 만들어 줄 수 있는 능력"은 가지고 있는 것 같다. "기독교 세계관이 내세적 실재가 아닌 현실 전복적 실재"라면 네가 가진 것을 팔아 가난한 사람에게 나누면 된다. 누가 말했던가 청년사역은 먹이는 거라고. 정말 한 영혼이 천하보다 귀하다고 믿는다면 천하를 팔아 한 영혼을 사면 된다. 하지만 여기도 귤은 있지만 없다.

### 〈청년들은 어떤 기독교 공동체를 원할까?〉에 대한 논찬

김선일 교수님의 발제문을 읽으며 '공동체'가 전도의 주체가 될 수 있다는 지점에 공감이 되었다. 또한 청년들이 형식과 명분보다는 의미와 가치를 추구하고, "믿음에 앞서 소속과 행함에 더욱 끌리는 경향" 때문에 "믿음 이전의 소속"이라는 긴 호흡의 회심 모델로 접근할 수 있다는 논지에도 어느 정도 동의가 되었다.

반면 반광준의 청년세대 문화와 심리 대한 분석은 아쉬움이 남는다. 솔직함과 위선, 의미와 경험, 정체성 혼란, 낮은 자존감 같은 특징들은 지금의 20대에 대한 얘기라기보다는 시대를 초월한 보편적인 청년들의 모습이 아닐까? 초대 청년회장이신 '제임스 딘'부터 지금까지 청년들은 솔직했고, 주저 없이 행동했으며, 흔들렸다.

'믿음 이전의 소속'에 대해 생각해 보자면, "교회 역사에서 오랫

동안 사실상 실천해왔던 전도 방식"이 라는 발제자의 말처럼 논찬자의 청년 시절 교회의 모습이 먼저 그려진다. 우선 기독교 공동체에 와서 함께 어울리고 예배드리고 봉사도 열심히 하다 보면 자연스럽게 신앙이 자란다는 낭만적 접근인데, 지금도 이 모델이 작동될지 의문이다.

이 시대 청년들에게 공동체가 필요한 건 맞지만 이들은 그렇게 한가롭지 않다. 또한 교회 밖에서도 가치와 의미를 찾을 수 있는 활동은 부지기수이며 세련된 유사 영성들도 넘쳐난다. 결국 우리가 줄 수 있는 가치 있는 경험과 차별화된 영성이 필요한데, 성경적 가치가 뛰어나니 차별성이 있겠다고 생각하면 오산이다. 성경적 가치와 공동체의 수준은 별개다.

공동체적 전도는 너무 좋은 접근이지만 우리가 어떤 공동체인가에 대한 자기 성찰이 없다면 오히려 피차 어려움만 겪게 될 것이다. 우리 공동체에는 정말 "진정성, 안전함, 솔직함, 아는 척하지 않기, 가르치려 들지 않기, 교회의 허물과 과오를 진솔하게 인정하기, 신앙이 없는 이들에 대한 배려"가 있는가? 이런 요소들이 모두 있어야 전도가 가능하다는 말은 아니지만, 이와 정반대의 모습을 하고서 청년들이 다가오길 기대하는 것은 어불성설이다.

공동체적 전도는 방법론이 아니다. 공동체적 전도는 존재의 문제다. 믿음 이전의 소속belonging before believing은 소속 이전의 존재being before belonging에서 나오기 마련이다. 우선 소속되고 싶은 존재가 되어야 누군가를 믿음으로 견인할 수 있다.

"청년들은 어떤 기독교 공동체를 원할까?"를 논하기에 앞서 논찬자가 가진 근본적 회의는 "교회들은 청년들을 정말 원할까?"이다. 교회는 정말 청년에게 관심이 있는가? 교회생활에 '언해피'를 띄우는 청년들을 이리 많은데도 왜 교회는 그들의 목소리에 귀 기울이지 않는가?

섣부른 판단일 수 있겠지만, 대부분의 교회는 자기 세대에 충성하며 유지되고 있는 것 같다. 담임목사와 가까운 세대, 혹은 교회에서 가장 영향력 있는 세대 중심의 목회가 이루어진다. 미래에 대한 투자는 자기 세대에게 의미 부여할 수 있는 정도면 족하다. 생색내기, 면피용 예산이다. 교회 재정은 마치 '국민 연금' 같다. 청년들의 몫은 없다.

교회 안 청년들이 교회의 소모품이 되어 나가엎어지는 시대에, 교회 밖 청년들에게 믿음 이전의 봉사와 기여를 하도록 돕는다는 것이 어떤 모습인지 솔직히 잘 그려지지 않는다. 적어도 한국의 상황과는 거리가 있어 보인다. 교회 안 청년들이 먼저 해피 할 때 공동체적 전도도 가능할 것이다.

해피엔딩을 위해 짧은 제안을 해보자면, 기독교 공동체는 청년들에게 진정성을 보여줘야 한다. 진정성은 눈에 보이는 변화를 통해 드러난다. 청년들의 실제적 필요를 기독교 공동체의 급진적 실천으로 채우려고 노력해야 한다. 각 정당의 청년정책들을 벤치마킹해 예산을 편성해 보시라.

또한 청년들의 의견이 충분히 반영될 수 있는 의사결정 구조를 만들어야 한다. 자신의 의견을 마음껏 나눌 수 있도록 성경해석의 틈, 신학적 틈, 교회 조직의 틈, 물리적 틈을 넉넉하게 비워두고 자신들의 의견이 반영되는 효능감을 느낄 수 있게 하자. 진정한 쿨함은 유행에 민감한 센스가 아니라 너그러움과 관용에서 나온다.

# 논찬 2

이지혜 간사(IVF 경기남지방회)

## 들어가며

MZ세대가 여러 영역에서 이슈의 중심에 서 있는 듯하다. 정치, 경제, 문화, 종교 등의 영역에서 MZ세대를 이해하려는 몸짓이 많이 보인다. 필자는 M세대에 속해있다. 캠퍼스에서 Z세대로 분류되는 학생들을 만나고 있는데, 이들을 알아가고 이해하는 과정이 꼭 타문화권에 와 있는 기분일 때가 많다. 이민형 교수는 발제에서 "MZ세대 담론이 … 실체가 없는 이미지의 조합"임을 전제했으며, 김선일 교수 또한 "특정 집단에 대한 일반화는 … 상호 이해에 이르는데 가장 주요한 방해요인이 된다"라고 하였다. 필자도 이 주장에 동의한다.

MZ세대는 20년의 세월을 아우르고 있다. 층위가 당연히 다를 수밖에 없다. 나이뿐만이 아니라 성별, 경제활동 여부, 결혼 유무, 자녀 유무 등의 변수가 다양하기 때문이다. 이전에는 어느 시점이 되면 결혼하고 아이 낳는 것이 표준적인 삶이었지만 요즘은 더 이상 그렇지 않다. 예를 들면 필자는 30대 여성이며 기혼이고 유자녀인데, 같은 30대 여성이어도 비혼이거나 무자녀인 친구들이 많이 있으며, 그들과는 꽤 많은 것이 다른 형태로 삶을 살고 있다. 또한, 필자는 Z세대 중에서도 아직 사회로 나가지 않은 대학생들을 주로 만나고 있다. 30대 여성/기혼/유자녀의 경험, 그리고 그 시각으로 MZ세대를 보게 되는 것을 서술하게 되었다. MZ세대, 청년들을 이해하고 사랑하고자 몸부림치는 어른들에게 감사의 마음을 전하며 몇 가지 이야기를 나누고자 한다.

**공정성과 불안**

2020년 6월, 인천국제공항청사에서 비정규직 일부를 정규직으로 전환하겠노라고 발표하면서 논란이 생겼다. 논란의 골자는 많은 이들이 정규직이 되기 위해 학창시절부터 여러 스펙을 쌓고 대학교 네임밸류를 높이는데 인천국제공항청사의 일부 비정규직들은 그런 노력들도 없이 공짜로 안정성을 획득했다는 내용이었다. 필자의 기억이 맞다면 그 이슈는 2030 세대에게 '공정성'이라는 단어가 붙게 된 사건이다. 그 이후로 어딜가나 2030 혹은 MZ세대와 '공정성'이라는 단어는 쌍을 이루어 나타났다.

『정의란 무엇인가』의 저자인 마이클 샌델이 후속삭을 냈나. 세목은 『공정하다는 착각』이며, 2020년 12월에 한국에 소개되었다. 시종일관 능력주의의 모순을 꼬집고, 제목에서 볼 수 있는 것처럼 '공정성'은 허상이라고 말한다. 좀 더 구체적으로 말하자면, 개개인의 실력은 개인의 노력보다 부모의 재력이 더 큰 영향을 끼친다고 한다. 개인적으로 아는 의사 부부는 자녀들이 하고 싶어하는 여러 사교육바이올린, 피아노, 주짓수, 수영, 줄넘기, 수학, 영어, 과학 등을 전부 지원하고 있다. 그러나 모두가 그런 부모를 만날 수 있는 것은 아니다. 나와 남편도 아이에게 그렇게까지 해줄 수 없다. 그렇다면 과연 '공정성'은 인생의 어느 시점부터 이야기를 해야 정말 '공정'한 것일까?

이런 맥락에서 이민형 교수가 인용한 임명묵의 책에서 "내 몫을 확보할 수 없는 위기의 상황에 대한 불안감"이라는 의견이 정말 현실과 닿아있는 분석이라는 생각이 든다. 청년들은 불안하다. 살 길이 막막하다. 시간이 지나면 상황이 더 나아질 가능성이 굉장히 적다는 것을 본능적으로 알고 있지만 노력하면 가능하다고, 그동안 그래왔다고 하는 사회적인기성세대의 메시지에 희망을 걸고 불안을 감추며 달려가고 있다. 그러나 그 길은 좁다. 좁은 것을 알고 있지만 그 길에 내가 진입할 수 있다고 믿는다. 그리고 그 믿음을 건드리는 것들에 대해 반감을 표현한다.

**청년들을 사랑하는 어른들에게 1**

이민형 교수가 '귤'이라고 표현했는데, 귤의 많은 부분은 기성세대가 가지고 있음을 인정할 필요가 있다. 그리고 얼마 남지 않은 귤을 얻기 위해 청년들끼리 싸우고 있다. 적어도 그리스도인인 기성세대가 자신들이 가진 귤을 내놓을 수 있어야 하며, 그렇게 내놓는 것이 시작되어야 청년들을 사랑하는 크리스천 기성세대의 사랑과 관심이 진심으로 전해질 수 있다. 가지고 있는 귤을 그대로 가지고 있으면서 하나님의 정의와 사랑과 평화를 이야기하는 것은 반감만 불러일으킬 뿐이다. 그리스도인 기성세대가 갖고 있는 귤을 내놓는 것은 분명 청년들에게 큰 메시지가 될 것이다. 청년들은 좋은 어른을 원한다.

**권력** 페미니즘, 성폭력 등

전후세대에서는 북한에 대한 이야기가 큰 대립 이슈였다면, 2030 세대에서는 페미니즘이 그런 이슈다. '페미니즘 = 빨갱이'처럼 인식이 되기도 한다. 2030 세대 모두가 생존 투쟁을 하고 있고, 부모세대보다 여성의 인권이 나아졌기 때문에 성별간 불평등은 없다고 말한다. 그 불평등이 없어야 이 생존 투쟁에 객관성과 노력을 담보할 수 있다고 생각하는 것일 수도 있다. 그러나 여전히 성별간 힘의 불균형은 분명히 존재한다.

같은 세대 안에서 남성과 여성 간의 힘의 불균형만 놓고 볼 수는 없다. 성폭력은 보통 성별에 관계없이 권력을 가지고 있는 자가 직장에서의 지위라든가, 물리적인 힘이라든가 권력이 없는 자에게 가해진다. 사회적으로 중년 남성들이 상대적으로 높은 지위에 많이 있기 때문에 중년 남성이 젊은 여성에게 가하는 폭력이 많다. 필자도 이 부분에 집중했던 시절이 있었고, 여성 관리자/리더십을 키우는 것이 필요하다는 것을 역설할 때도 있었다. 지금도 같은 의견을 가지고 있다.

필자는 그런 시각을 견지하고 있다가 N번방 사건을 마주하면서 혼란에 빠졌었다. 같은 세대의 남성들이 동료일 거라고 생각했는데 이 세대 안에서도 힘이 있는 자가 힘이 없는 자에게 힘을 부린 것임을 보게 되었기 때문이었다. 여성으로서 이 일련의 상황들은 감정적으로 힘든 것뿐만이 아니라 생존까지 위협받는 느낌이었다.

김선일 교수는 "약자를 옹호하고 정의를 실천하는 것이 예수를 모르는 이들에게도 전도적 메시지가 된다"라고 말하였다. 맞는 말이지만 '누가 약자인가', '무엇이 정의인가'라는 질문이 청년들로부터 나올 수 있다. 페미니즘과 성폭력 이슈에서도 마찬가지일 것이다. 이런 이슈들에 대해 기독교적인 관점을 생산할 필요가 있다.

**청년들을 사랑하는 어른들에게 2**

　세대 간에서, 세대 안에서 강한 자가 약한 자를 억압하지 않으려면 강한 자는 약한 자의 이야기를 들을 수 있어야 한다. 교회의 중요한 결정을 하는 자리에 상대적으로 약한 이들을 참여시켜야 한다. 약한 이들의 이야기를 들을 수 있어야 강한 이들이 자신이 가진 힘을 인지하고 함부로 힘을 남용하지 못한다. 청년이, 여성이, 장애인이, 성소수자 가 결정 기구 안에 들어가서 자신의 목소리를 낼 수 있도록 구조를 만들 필요가 있다.

　또한 2030 세대에서 젠더 갈등은 피할 수 없는 문제가 되었다. 사실 여성으로서 남성-여성 간의 폭력을 동일선상에 놓을 수 있는 것일지 잘 모르겠다. 사견은 뒤로하더라도, 강한 자가 약한 자에게 폭력을 물려주는 방식으로는 결코 기독교에서 말하는 사랑과 평화의 가치에는 도달할 수 없음을 기억할 필요가 있다.

　한 사람이 결코 강자이기만 하지 않고 약자이기만 하지 않다. 필자도 성별 구도에서는 약자일 수 있지만, 한 지역의 관리자로서 후배 간사들에게는 강자의 역할을 가질 수 있다. 자신의 약자 됨을 기억하고, 강자일 때 약자를 헤아릴 수 있는 감각을 발휘할 수 있다면 사랑과 평화의 가치에 조금이나마 다가갈 수 있지 않을까 싶다. 그러기 위해 기성 세대들이 본인들에게 경제적으로나 사회적으로나 힘이 있다는 것을 인정하고 고백했으면 좋겠다. 그리고 기성 세대가 가진 힘을 청년들에게 나누어주었으면 좋겠다.

**나가며: 청년들을 사랑하는 어른들에게 3**

2030 세대들은 부모에게 경제적으로나 정서적으로나 독립하기가 매우 어렵다. 필자만 하더라도 맞벌이이기 때문에 친정의 도움 없이는 육아를 도저히 할 수가 없다. 그렇기에 부모의 바람과 부모의 생각에 의존하거나 휘둘릴 가능성이 크다. 그러나 청년들은 여전히 자신을 알고자 하는 욕망이 크다. MBTI가 유행이 되었던 것을 보면 알 수 있다.

2030 세대를 하나로 묶어서 쉽게 이해하기를 포기하고, 한 사람 한 사람의 이야기에 집중해주고, 그들의 삶 속에서 복음이 어떻게 해석되고 언어화되고 체화될 수 있는지 함께 고민해주었으면 좋겠다. 2030 세대는 자신의 세대에 대한 나름의 길을 스스로 찾아야 한다. 좋은 어른으로서 존재하면서 진심으로 이해하고자 하는 마음으로 질문을 던져주길 바란다. 이들이 자신의 언어로 자신, 자신의 세대를 표현할 수 있도록 안전함을 형성해주는 좋은 어른이 되어주기를 바란다.

이미 이렇게 2030 세대를 이해하고 함께하고자 모인 분들에게 다시 한번 진심으로 감사한 마음을 전한다.

# 3. 청년들을 위한 공동체 전도

김선일 교수(웨스트민스터신학대학원대학교)

## 들어가는 말

Beth Severson의 연구에 따르면 복음전도에 효과적인 교회들은 쉽게 접근 가능하고, 삶과의 연관성이 있으며, 교회로 올 수 있는 여러 경로들이 있다. 첫째, 비그리스도인들과의 관계 맺기를 주도하고 그들을 교회 내의 안전한 공동체 공간으로 초대하라. 둘째, 젊은 세대는 믿음 이전에 행동을 경험하기 때문에 비그리스도인들에게 참여의 기회를 줘라. 셋째, 같은 여정의 사람들이 있음을 깨닫게 해야 한다.

## 1. 전도에 대한 정의

"하나님 나라의 삶으로 사람들을 입문시키기 위한 일련의 의도적 활동들" William Abraham "하나님의 통치에 대한 응답인 기독교적 제자도로 사람들을 입문시키기 위한 일련의 사랑스럽고, 의도적

인 활동들" Scott Jones, "공동의 정의 실천을 위한 초대로서의 복음전도." Sunil Kim

## 2. 회심으로 이어지는 여정

첫째, 매력적인 공동체를 경험 둘째, 봉사나 참여를 통한 소속감 함양 셋째, 멘토링 목회적 돌봄이나 공동체적 돌봄을 경험. 이들 중 2~3가지의 결합을 거쳐 신앙이 형성된다.

## 3. 교회에서 가장 강조하는 전도 방법

2016년 Beth Severson이 목회자 대상으로 조사한 것에 따르면, 1년간 회심자 수가 0명인 교회는 교회로의 초대와 불신자들에게 실제적 도움을 주는 것에 많은 노력을 하였다. 반면 1년간 20명 이상이 회심한 교회는 믿음을 나누는 것에 가장 많은 에너지를 쏟았다.

## 4. 교회 정착을 위한 전략 모델

세 가지가 중요하다. 공동체, 봉사, 멘토링이다. 공동체는 소그룹으로서 고립되지 않고 질문과 대답이 가능하며 하나님의 역사를 경험하는 장이다. 봉사는 자발성을 키우고 적극적으로 참여하여 신앙고백을 경험하고 제자의 삶을 시작하게 만든다. 멘토링은 목회자의 역할로서 목회적 돌봄과 질문에 성실히 답변하고 영적인 성장에 대한 상호책임을 가지게 한다.

## 5. 젊은 세대의 회심 여정을 촉진시키는 교회

1) 그들과의 관계를 주도하고, 그들을 초대하고 포함시킨다.
2) 그들로 하여금 기독교 공동체에 참여시켜서 믿고 헌신하기 전에 그리스도인처럼 행동하게 한다.
3) 복음화의 과정 전이나 중간에 그들을 공동체의 일원으로 연합시킨다.
4) 교회 안에서의 전도를 실행한다.
5) 교회 밖에서의 봉사활동 등에 동참시켜 소속감을 높인다.
6) 신앙을 지속하고 정당화하는 도덕적 공동체가 된다.
7) 기독교적 정체성을 함양시킨다: 의미, 소속, 가치.

# II. 복음전도를 위한 문화변증의 실천적 이해

# 1. 문화변증전도의 실천적 이해

김선일 교수(웨스트민스터신학대학원대학교)

## 1. 왜 전도를 논해야 하는가?

2010년 케이프타운 로잔대회 - 르완다 성공회 지도자 엔트완 루테이어셔리Antoine Rutayisire의 강연 "Rediscovering the Gospel of Reconciliation": 1900년에 기독교가 전래된 이래, 그리스도인이 인구의 90%에 달하며 1990년대 천주교 55%, 개신교 25%, 그 외 안식교 등 10% 성공적인 아프리카 선교의 사례이자, '기독교 왕국'Christian kingdom이라 불리던 르완다에서 후투족과 투치족의 종족갈등이 1994년 단 100일 만에 80만 명이 학살당하는 비극으로 번진 사건에 대한 신학적 진단.

엔트완이 가장 먼저 지적한 근본적 문제점은 제자도의 결핍이나 공공신학의 부재가 아니라 전도의 메시지와 방식에 있었다. 그는 대학살을 가져온 종족분쟁에 기독교가 무력하게 동조하거나 심지어는 가해자 역할까지 할 정도로 실패하게 된 원인을 다음과 같이 진단한다.

### 1) 복음 메시지의 내용: 부분적이고 선별적인 복음의 문제

선교사들이 전한 복음은 르완다 내의 종족 간 후투족과 투치족 갈등과 사회적 모순의 문제를 다루지 못했다. 대학살이 발발하기 전부터, 일부 교회지도자들은 그리스도의 복음이 종족 갈등의 문제를 어떻게 다룰 것인지를 제기했으나 대다수 교인들과 성직자들에게 외면 받았다.

### 2) 복음의 전달 방식: 명제적이고 주지적인 전달

르완다와 아프리카의 일반적인 영성은 그들의 경험세계와 직결되어 있다. 만물은 서로 연결되어 있다. 그러나 기독교가 제시된 방식은 이러한 현실을 고려하지 않고, 성경구절과 핵심교리를 암기하는 방식이었다. 그 결과 많은 이들이 기독교로 귀의했으나 그들의 일상적 문제들은 전통적인 조상종교에 의존했다. 종족 갈등이 확산되자 사람들은 자신들의 종족 정서를 따라갔다.

### 3) 메신저의 문제

1차 세계대전 이후 르완다 내의 천주교 선교사들은 루터교 선교사들을 내쫓았다. 이는 기독교가 사람들을 연합시키지 못하고, 분열과 적의를 창출시키는 요소로 보게 했다. 교회는 과거 투치족과 후투족이 번갈아 정권을 잡을 때마다 정권과 결탁하여 다른 종족을 차별하는 것을 용인했다. 식민통치 시절부터 로마 가톨릭 교회는 정치권과 결탁하며 영향을 주었다. 이는 교회로 하여금 권력과 비판적 거리를 두고 예언자적 소리를 내지 못하게 하였다.

\* 우리의 총체적 삶을 변혁시키는 복음의 메시지와 전달 방식은 무엇일까? 복음전도가 단순히 피안적인 개인구원이나 교회를 양적으로 성장시키는 기제가 아니라, 도래하는 하나님 나라에 대한 소망을 제시하며 개인과 사회를 온전히 변혁시키는 출발점이 되려면 복음이 한 사회의 문화적 구조와 어떻게 조우하며 관계를 맺는지에 대한 성찰이 필요하다. 이러한 복음전도의 문화변증적 접근은 복음이 문화적으로 적실성 있게 들려지기 위해서도 필요하며, 또한 시대의 문화적 패러다임을 변혁시키기 위해서도 필요하다.

## 2. 한국의 문화와 복음의 만남

한국철학자 탁석산은 1950년대 이후 한국사회의 정신적 가치가 발전한 양상을 다음과 같이 설명한다. 정신적 가치의 변동에 따라 한국교회가 채택했던 복음전도의 메시지와 실천도 변화를 겪게 된다.

| 시대<br>구분 | 기간 | 사회적 상황 | 전도적 접근 |
|---|---|---|---|
| 생존의<br>시대 | ~<br>1961 | 전쟁, 가난, 사회적 혼란 | 위기의 복음<br>'예수천당 불신지옥' |
| 생활의<br>시대 | 1962<br>~1992 | 근대화, 민주화, 새마을운동 | 희망의 복음<br>대중집회, 사영리,<br>전도폭발 |
| 행복의<br>시대 | 1993<br>~2002 | OECD가입, 대중문화, IMF | 행복의 복음<br>고구마전도, 맞춤전도 |
| 의미의<br>시대 | 2003<br>~현재 | 사회적 가치, 소수자 이슈,<br>공정, 취향, 페미니즘 | 깊이 있는 복음<br>영성전도, 공동체전도 |

### 3. 한국 기독교 성장에 대한 구조적 설명

1) 일반적 견해: 내부적 요인과 섭리사관에 의한 설명

- 한국인 특유의 열정적 신앙: 사경회, 새벽기도,

- 기독교의 민족 주체적 수용 강조

- 사명적 선민주의 해석

2) 종교사회학적 설명: 타당성 구조(plausibility structure by Peter Berger)

어떠한 신념이 당대의 다수 사람들에게 그럴듯 하고 의미 있게 소통되고 받아들여지는 인식의 틀로서, 집단의 상황과 역사적 경험을 통해서 축적된 사회-문화적 우호적, 혹은 비우호적 여과체계라 할 수 있다. 한국사회의 타낭성 구조는 기독교의 전도를 너욱 수용적으

로 만드는 정서 및 의식체계에 영향을 준다. 20세기 한국 기독교의 성장 배경을 이루는 타당성 구조는 어떻게 형성되었을까?

\* 팔레스타인과 이스라엘의 관계에 대한 청소년기의 개인적 경험

(1) 해방자/구원자로서의 서구종교 이미지

**원조와 구호사업, 전쟁 고아 사업 - 선명회, 한경직**

"영실은 예배당에 나가는 것이 유일한 소원이라고 했다. 종배는 그런 여인을 향해 예배당에 가면 하느님께서는 받아주실 것이라고 이제부터 예배당에 나가라고 권했다. 그는 여인을 억지로 끌어내다시피 했다. 여인은 망설이면서 마지못해 따라 나갔다. 예배당 문을 열고 들어서려던 점잖은 풍채의 남녀가 종배와 영실을 이상한 눈으로 바라보았다… 다음 날 점심 때쯤 찾아 가 보았더니 방이 비어있었다. 낯선 아주머니가 방을 소제하고 있었다. 이상하여 영실의 일을 물어 보았더니 오늘 아침 일찍이 뒤에 있는 예배당 문 앞에서 시체로 발견되었다고 했다. 종배는 가슴이 뼈근해 들어옴을 느꼈다. 영실은 예배당에 찾아가서 죽고 싶었던 것이다. 자기의 생명이 얼마 남지 않은 것을 깨닫고 죽을힘을 다해서 예배당 쪽으로 기어가다가 숨을 거두었을 것이다. 종배는

발이 땅에 붙은 듯이 잠시 멍하니 서 있었다."손창섭,『포말의 의지』1959

### (2) 종교 공백기의 민족 종교적 기독교

"한국교회는 이스라엘 민족이 절대자에게 선택받았다는 선민사상을 한국인에게 적용했다…당시 일본 교회는 이를 두고 유대적, 구약적 기독교라고 여겼다. 그리고 이 경향은 현재에도 변함이 없다. 한국인은 자신들에게 이스라엘적 선민사상을 적용함으로써 기독교를 민족종교로 여기는 것이 가능하게 된 것이다."아사미 마사카즈·안정원,『한국기독교, 어떻게 국가적 종교가 되었는가?』

일제강점기와 한국전쟁을 거치면서 재래종교들의 지분이 축소된 상황에서 기독교는 "무혈입성"을 한다. 일본은 군국주의에 의해 기독교가 흡수되었으나, 한국은 기독교와 국가주의가 동반자 역할을 한다.

### (3) 이념적 위협의 방파제로서 미국과 기독교

서북지역기독교의 영향: 일제강점기말 한국개신교 인구30만 명중 서북지방의 개신교인 비중이 48%였고, 그 가운데 상보교인들이 약

75% 차지.

군대에서의 신앙 전력화를 통한 전군 신자화 운동 1951년 군목제도 도입 공산주의 침투를 방지하기 위한 도구로서 도시산업선교회 반공에서 승공으로의 전환.

(4) 근대화의 모델로서 기독교 문명
- 제3 공화국과 기독교의 우호적 관계
- 근대화의 3대 성소: 학교, 병원, 교회
- 가족계획사업에 적극 협력한 기독교
- 한국적 기복신앙의 확산
- 한국사회 엘리트층의 기독교 비중 63.4%=개신교40.5+천주교22.6+성공회0.3

"나는 이제 안다. 한국 사회에 평등과 인권 감수성을 도입하고 민주적 가치를 구현하기 위해 투쟁해 온 기독교와 천주교의 역사를. 조선 말기부터 성차별, 신분차별을 넘어 동등한 교육기회를 마련하고자 했던 이들을 기억한다. 여성에 대한 노동착취, 성착취, 인신매매, 봉건적 관습에 대해 서슴없이 일침을 가하며 독립운동에 헌신했던 용감한 종교인들을 기억한다. 엄혹하던 박정희 독재정권하에서도 그들은 여성노동운동을 지원하며 원자폭탄에 의해 희생된 조선인 배상운동을 벌이고 일본 남성들의 기생관광에 반대하며 폭압적 독재정권에 맞섰다. 1980년대 민주화과정에서는 누구보다 앞장서 최루탄을 맞고 공권력의 피해자가 되었음에도 제국주의를 비판하고 독재타도를 외치며 세상을 바꾸는 일에 한 치의 물러섬이 없었다. 그들이 없었다면 한국의 민주화는 물론, 일본군 성노예제와 미군기지촌은 물론, 성폭력 당하고, 매매되고, 일상에서 두들겨 맞고 인권유린을 당하는 수많은 여성들의 이야기가 세상에 들리는 데 더 오랜 세월이 걸렸을 것이다." 이나영, "종교가 인간을 버릴 때" 경향신문, 2017년 12월 10일자 오피니언 칼럼

(5) 문화 해방구로서의 교회
- 어린-청소년 세대에게 유일한 사회-문화적 공간으로서의 교회
- 문학의 밤, 여름성경학교, 수련회
- 선진 문화로서의 미국 문화와 교회의 연계성
- 개신교회의 문화적 적응력: "신자마케팅" 김진호
- 현재 2030세대에서의 기독교 점유율 15% ⟨-⟩ 천주교 3.5%, 불교 5.5%

"교회에서는 자매님, 형제님 호칭을 하면서 자연스럽게 이성 간의 소통이 가능했으며 심지어 수련회는 청소년들이 부모를 떠나 남녀가 함께 지낼 수 있는 공식적인 기회를 제공

해주었다. 당시는 기타치고 놀면 '날라리' 취급을 받던 시절이었다. 그런데 교회에선 찬양이라는 이름으로 장려되었다. 기타를 맨 찬양대 오빠는 동네 짝퉁 록스타였다. 당시 교회는 가장 진보적인 공간이었다. 반면 절은 멀리 산에 있어 가기도 어렵고, 이성 교제를 꿈꿀 장소는 더더욱 아니었다. 젊은 세대가 종교를 찾는다면 절보다는 교회가 훨씬 더 매력적인 공간이었다. 이런 건축적 배경 속에서 종교의 세대교체는 자연스럽게 이루어졌다." 유현준, 『어디서 살 것인가』: 199-200.

### 4. 문화적 서사 cultural narrative 의 전환

문화적 서사: 사람들이 자기의 삶을 의미 있고 나아지게 만든다고 믿고 따르는 서사로서, 이는 타당성 구조 안에서 사람들이 공유하는 주된 관심사로 볼 수 있다. Tim Keller 위의 타당성 구조 논의를 바탕으로 20세기의 대표적인 한국사회의 문화적 서사를 꼽자면, 반공안보 내러티브, 경제성장 내러티브, 문화적 해방의 내러티브로 정리할 수 있다. 그러나 21세기에 이르러 이와 같은 문화적 서사들은 변화하고 있다. 이것이 한국교회의 복음전도 양식과 메시지에서 가장 도전적인 과제다.

| 20세기의 문화서사 | 교회의 상관성 | 현재의 상황 |
|---|---|---|
| 반공안보 내러티브 | 보호자로서의 미국 기독교 | 사회주의 몰락과 탈 이념화 |
| 경제성장 내러티브 | 산업선진 국가들의 종교정신 | 저성장 시대와 삶의 질 추구 |
| 문화해방 내러티브 | 자유로운 문화 공간으로서의 교회 | K-Culture |
| 21세기의 문화서사 | 현재의 상황 | 교회의 과제와 가능성 |
| 소속의 내러티브 | 취향과 느슨한 연대 선호 | 공동체로서의 교회 |
| 정체성 내러티브 | 해체사회에서 불안하고 취약한 개인의 문제 부각 | 복음 안에서 발견되는 자아 정체성과 은사 및 소명 |
| 자유 내러티브 | 평생고용의 붕괴와 각자도생의 환경에서 자립생존 노력 | 일의 신학과 기독교적 기업가 정신 |

## 2. C. S. Lewis의 정감적 변증 affection based apologetics

김선일 교수(웨스트민스터신학대학원대학교)

### 1. 루이스 열풍의 지속적인 확산

1) Clive Staples Lewis는 1963년에 사망한 이후, 그의 나라 영국 못지않게 미국에서, 또한 그의 온건한 성공회 신앙성향보다 더 보수적인 미국의 복음주의권에서 훨씬 많이 애정을 받아왔다. 2차 세계대전 당시 BBC 라디오에서 "Right and Wrong: A Clue to the Meaning of the Universe"라는 이름으로 기독교 신앙을 해설했던 그의 방송은 나중에 『순전한 기독교』Mere Christianity로 출간되어 20세기에 가장 뛰어난 기독교 고전이 반열에 올랐다.

2) 근래에 루이스에 대한 관심이 피어오르게 된 계기는 1993년 영국에서 제작한 영화 〈섀도우랜드〉Shadowlands라는 영화가 흥행하면서였다. 이 영화는 앤써니 홉킨스와 데브라 윙거라는 당대의 유명 배우들이 출연하면서, 평생을 독신으로 살던 루이스가 그의 말년에

메카시즘을 피해 영국으로 온 미국의 시인이자 사회주의자 조이 데이비드먼Joy Davidman과 만나 결혼한 뒤 조이의 죽음으로 사별에 이르는 이야기를 다루었다. 이 영화는 미국의 극장가에서도 꽤 흥행에 성공하며, 루이스의 기독교 사상 뿐 아니라 그의 생애가 일반인들에게도 매력있는 이야기가 된다는 가능성을 열어주었다.

3) 미국 하버드대학 병원의 정신의학 교수인 아멘드 니콜라이의 책 *The Question of God: C. S. Lewis & Sigmund Freud Debate God, Love, Sex, and the Meaning of Life*이 2003년에 출간되면서, 루이스와 그의 유신론 논증이 기독교 내에서 뿐 아니라 일반 지성에서도 상당히 대등한 소통의 소재로 부상했다. 이 책의 내용은 2008년 미국의 공영방송인 PBS에서 4회에 걸쳐 같은 제목의 다큐멘타리 시리즈로 제작되었고, 당시 토론에는 아이비리그대학의 교수로 있는 크리스천 지성인들도 패널로 참여하였다. 이 책은 한국 홍성사에서 『루이스 VS 프로이트』라는 제목으로 2014년에 번역 출간되었다.

4) 영화 〈나니아 연대기〉는 2005년에 개봉되면서 미국사회에 큰 반향을 불러 일으켰다. 이미 영국과 미국에서 나니아 연대기는 애니메이션이나 실사영화로 제작된 적이 있었다. 그러나 친기독교적인 영화제작사 월든미디어와 디즈니가 손을 잡고 나니아 연대기의 시리즈 제작 계획과 함께 1편 '사자 마녀 옷장 이야기'가 개봉되자, 전

미 복음주의 진영에서는 이 영화에 대한 대대적인 홍보와 함께, 믿지 않는 이들과 이 영화를 함께 보고 복음을 전할 수 있는 기회로 삼도록 독려하였다. 이에 대응해서 아놀드 토인비의 손녀인 폴리Polly 토인비와 같은 평론가들의 나니아 연대기와 포교를 위해 이 영화를 활용하는 기독교에 대한 혹독한 비판도 등장한다. 나니아 연대기 시리즈는 〈사자 마녀 옷장이야기〉에 이어, 〈캐스피언 왕자〉2008, 〈새벽출정호의 항해〉2010까지 개봉했고, 〈은의자〉의 제작이 완성되어 상영을 앞 둔 시점에서 무기한 연기된 상태다. 넷플릭스에서 나니아 연대기의 영화 판권을 획득했다는 말도 나온다.

5) 2011년에는 『루이스와 프로이트』 The Question of God의 주요 내용을 소재로 삼아 미국의 극작가인 마크 저메인이 'Freud's Last Session'이라는 이름으로 브로드웨이 연극무대에 올린다. 이 작품은 한국의 대학로에서 '라스트세션'이라는 제목으로 2020년과 2022년에 상영되었다. 특히 2022년 공연에서는 '오징어게임'의 깐부로 유명해진 오영수 배우가 출연한다는 소식으로 말미암아 거의 전회가 매진되는 성황을 이루었다.

6) 2017년에는 루이스의 자전적 회심 이야기인 『예기치 못한 기쁨』을 토대로 C. S. Lewis Onstage: The Most Reluctant Convert라는 이름의 연극 공연이 영국과 미국에서 펼쳐지고, 이 작품으로 동

명의 영화가 만들어진다. 이 영화는 2021년 11월부터 cslewismovie.com에서 일반에게 개봉되었고, 현재는 각종 OTT 서비스를 통해 한글 자막과 함께 볼 수 있다.

7) 『스크루테이프의 편지』는 2022년 초부터 북촌나래홀에서 오픈런으로 공연을 올리고 있다. 현재는 연말까지 공연하는 것으로 일정이 잡힘

## 2. 전도자, 루이스

중세 궁중문학 전공자인 루이스는 기독교 신앙으로 회심한 이후, 많은 기독교적 주제들을 다루는 저서들과 기독교 세계관에 기초한 판타지 소설들도 집필하였다. 전문적인 신학훈련을 받지 않은 루이스의 책들은 대중적인 기독교 변증이나 기독교 문화사상의 영역에서 주로 다루어지지만, 루이스 자신은 대중을 향한 '전도자로서의 소명'을 갖고 있음을 여러 차례에 확고하게 표현했으며, 심지어 자신이 쓴 동화나 판타지 소설들이 어린 아이들에게 기독교 세계관에 대한 예비적 세례를 주기 원한다고 밝힌 바 있다.

루이스의 책들을 읽고 기독교 신앙으로 회심한 이들의 사례는 계속 이어져 온다. 대표적으로 미국의 게놈 프로젝트를 총괄했던 프랜시스 콜린스 박사는 그의 책 『신의 언어』에서 루이스의 『순전한 기독교』를 통해서 자신이 기독교적 유신론을 받아들이게 됐다는 사실

을 밝힌다. 닉슨 전 미국 대통령의 특별보좌관으로 일하다가 1974년 워터게이트 사건에 연루된 죄로 실형을 선고받은 찰스 콜슨은 권력의 최정점에서 추락하여 재판을 앞둔 상태에서 『순전한 기독교』를 읽고 회심하기에 이른다. 그는 자신의 결백을 더 이상 주장하기를 포기하고 교도소에서 7개월간 복역하면서 더 깊은 신앙의 세계로 귀의하였고, 출소 후에는 Prison Ministry를 만들어 전 세계 재소자들에게 복음을 전하는 일에 평생 헌신하였다. 그 외에도 저명한 기독교 변증가인 오스 기니스나 지독한 무신론에서 유신론자로 전향한 앤써니 플루와 같은 이들도 C. S. 루이스의 영향을 받았다. 이러한 유명 지성인들 외에도 평범한, 그러나 사색적인 많은 이들에게 루이스의 저작들은 기독교 신앙을 소개하는데 가장 신뢰할만한 안내역할을 하였다. 특히, 어릴 때 『나니아 연대기』와 같은 동화나 판타지 소설을 읽은 이들이 나중에 성인이 되어서 기독교 신앙으로 회심할 때 더욱 친숙감을 느낀다고 고백하는 경우도 있다.

### 3. 루이스의 주요 변증 논점들

루이스를 전도자로 본다면 주로 지성적 전도, 논증적 전도라고 간주할 것이다. 그는 설득력 있고 예리한 논리로 기독교 신앙의 개연성을 제시했다. 그의 복음전파적 영향력은 그의 잘 알려진 몇 가지 변증적 논점들로 인해 탄력을 받아왔다. 대표적인 것들은 다음과 같다.

1) **도덕률 논증**: 모든 문화에는 옳고 그름의 기준에 대한 합의가 존재한다. 이는 궁극적 도덕의 기준이 되는 신의 존재를 은연중 가정하는 것이다. 궁극적 판단 기준으로서의 도덕률은 인간의 본능이나 사회적 관습양태는 다를지언정 토대가 되는 보편적 판단이 있다는 측면에서을 초월한다.

2) **소망충족 논증**: 내가 무언가를 바라고 있다는 것은 그 소망을 충족해주는 실체가 존재한다는 것이다. 이 세상에서 채워질 수 없는 기쁨에 대한 갈망이 있다면 그것은 이 세상 너머에 더 큰 실체가 존재한다는 것이며, 우리는 그러한 세계를 위해서 지음 받은 존재이다.

3) **합리성 논증**: 기적에 관한 논증에서 그는 추론이라는 논리적 구조가 자연주의 과학에서 작동한다고 보았다. 추론은 우리 주변의 실재에 대한 경험이나 관찰에서 비롯되지 않는다. 자연주의자들은 철저하게 물리적 인과관계에 의존하면서도 자신들의 추론은 물리적 실재 그 자체에 근거하지 않는 모순 속에 있다. 기독교적 유신론은 자연보다 더 오래된 질서를 가정하기 때문에 정신적 추론이 자연스럽게 가능하다.

4) **삼자택일 논증**: 복음서는 고대 작품들과 달리 풍부한 상상력이

나 예술성을 제공하지 않는다. 이는 복음서의 기록들이 인간의 가공으로 인해서 변형되지 않은 원초적 신화임을 의미한다. 복음서에 기록된 예수는 유일무이한 메시아적 정체성을 드러낸다. 신이 하나님이며 죄를 용서할 권위를 가지고 있다는 예수 그리스도의 주장은 단지 세 가지 가능성 중 하나다. 그가 망상에 사로잡혀 있었거나, 마음속에 있는 어떤 목적을 위해 추종자들을 속이고자 계획적인 시도를 하고 있었거나, 아니면 그가 바로 자신이 주장하는 그 사람일 것이다.

5) 아가페 논증: 오직 하나님과의 올바른 관계를 통해서만 충족되는 인간의 심오한 열망이 있음을 제시한다. 아가페는 최상의 사랑으로서, 인간의 단순 호의나 우정, 혹은 연정은 하위 단계의 사랑이다. 이러한 자연적인 사랑은 최상의 아가페 사랑을 위한 훈련이자 순종적인 도구가 될 것이다. 아가페가 없다면 자연적인 사랑들은 자기 파괴적으로 쓰일 수 있다.

### 4. 삶으로 읽는 루이스

그렇다면 루이스의 전도적 영향력은 그의 지성적 논증에 의존한 결과일까? 앞서 제시한 그의 기독교 변증적 성취는 묘하게도 그의 매력적이고 흥미로운 삶과 함께 빛을 발하는 것 같다. 영화 섀도우랜드는 죽어가는 아내로 인해 슬픔을 견디지 못하고 신앙적으로

괴로워하는 인간적인 면모를 보여준다. 『나니아 연대기』는 루이스의 예리한 변증적 논리를 판타지 문학의 장르 안에서 상상, 이미지, 상징, 은유 등으로 녹여냈다. 그렇다고 그가 기독교 교리를 가르치는 예화로서 이러한 동화를 쓴 것은 아니다. 이 작품들은 자연과 미에 대한 루이스의 헌신을 엿보게 한다. 또한 논리적 변증으로서 가장 지대한 영향을 미치고 있는 *The Question of God*은 책의 후반부에서 실제로 기독교적 유신론으로 회심한 루이스가 어떻게 전과는 달리 행복한 삶을 누리게 되었는가에 집중한다. 이 비교는 루이스의 회심 전후 뿐 아니라 그의 유신론과 대조되는 유물론자 프로이트의 여정과도 이루어진다.

루이스의 텍스트는 그의 삶과 작품을 떠받치는 콘텍스트와 분리된 채 이해할 수 없다. 루이스가 오늘날까지 많은 이들에게 영향을 미치는 이유에 대해서 혹자는 세 가지 대답을 제공한다. 첫째, 루이스는 하나님과의 단독적인 시간을 갖고 깊은 교제를 누리며 자기 삶을 늘 성찰하는 습관을 지녔다. 둘째, 루이스는 당대의 베스트셀러나 신문 등은 거의 보지 않았지만 고전 서적들을 탐독했다. 동서고금의 문화에는 언제나 비슷한 맹점과 지혜가 있고 그러한 것들은 고전에 잘 담겨 있다. 셋째, 루이스는 자신이 돌봐주던 친구의 어머니, 병약한 형, 그리고 자기 주변의 평범한 사람들과 늘 어울리며 진실한 교제를 함으로써 인간에 대한 깊은 이해를 가졌다. 나는 루이스가 경험한 인간적 면모들, 즉 그의 실제적이고 다양한 삶이 작품들 속에 점점 더 용해되어 갔다고 본다.

기독교로의 회심 이후 그가 겪은 인생관과 인간관계의 변화는 그의 신선한 변증 논리보다 더욱 의미심장하다. 그는 회심 이후 풍성한 인간관계를 누린 것으로 보인다. 믿음과 기도의 삶을 통해 자기 자신에게 집착하는 삶에서 벗어나고, 성경을 진지하게 읽으며 자신의 '참된 인격'과 화해하는 새로운 방법을 발견한 것이다. 그래서 루이스의 회심 이후는 겸손과 용서의 삶이라고 평가한다. 아멘드 니콜라이는 행복이나 불행은 정서의 반영인 동시에 우리와 다른 사람의 관계에도 영향을 끼친다고 말한다. 의기소침한 사람은 우울하고 염세적이며 화를 잘 내고, 예민하고 절망할 때가 많은, 좋은 관계를 맺기 어려운 특성을 갖고 있다. 이 점은 프로이트의 인간관계가 줄곧 적대적이었다는 사실과, 루이스가 인생 전반기에 친밀한 관계를 맺은 사람이 매우 적었다는 사실을 이해하는데 도움이 된다. 회심 후에 루이스는 풍성하고 친밀한 우정을 즐겼다. 그는 이렇게 표현했다. "나의 외향성은 믿고 기도하는 일에서부터 형성되기 시작했다. 흔한 표현대로 '나로부터 벗어나게' 된 것이다."

### 5. 루이스의 정감적 변증과 배경

이러한 실제적이고 일상적인 삶의 변화가 담긴 루이스의 변증을 나는 정감적affection-based 관점에서 봐야 한다고 생각한다. 여기서 정감이라는 단어는 조나단 에드워즈가 사용한 신앙감정론religious affection에서 빌려 왔다. 에드워즈는 이를 시편 기자가 고백한 "여호와의 아름다움을 바라보며 사모하는 것"시 27:4에서 빌려왔다. 그리스도의 아름다움과 탁월함에 대한 발견은 모든 그리스도인들의 성숙과 성장을 위해서 필수적인 요소이다. 아름다움을 발견한다는 것은 단순히 지적, 관념적 활동의 산물이 아니다. 또한 인간이 마음으로 느끼는 변덕스러운 감정적 충동도 아니다. 따라서 정감affection은 감정emotion과는 구분된다. 정감이란 마음 깊은 곳에서 애정으로 느끼고 사랑으로 끌어안으려는 성향이다. 정감은 인간의 생각 뿐 아니라 가슴과 몸에 감동을 준다. 우리로 하여금 몸과 마음을 움직이게 한다. 정감은 전인적으로 사랑하고 깨닫고 행동하게 한다.

그런 의미에서 루이스의 기독교 변증은 마음의 깊은 곳에서 우러나오는 갈망이 충족되게 하는 방향성을 지녔으며, 이를 논리와 설명 뿐 아니라 이미지, 상징, 내러티브, 그림 언어 등으로 독자들에게 전달했다. 여기에는 진리와 행복을 찾아가는 그의 치열한 경험이 추진력이 됐다. 루이스의 신앙과 변증은 때때로 기쁨에 대한 갈망으로 이끌린다고 평가된다. 그는 어린 시절 독일어로 Sehnsucht라고 하는 동경, 혹은 깊은 갈망에 대한 경험이 있었다. 형과 같이 놀 때, 형이 양철통 뚜껑을 이끼로 덮은 다음 잔가지와 꽃들로 장식한 장난감 숲을 본 것이 그가 겪은 최초의 미적 경험이었다. 그가 상상하는 천국의 모습은 항상 형이 만든 장난감 동산의 모습이 깃들어 있었다.

또한 자기 마을의 초록빛 언덕의 능선을 보며 아득히 닿을 수 없는 곳을 보며 동경Sehnsucht이라는 느낌을 가졌는데, 루이스 자신은 어릴 때 종교적 경험은 전무했지만 이와 같이 장난감 정원과 초록빛 동산을 통해서 지고한 삶을 향한 미적 경험을 했던 것이다. 그리고 『피터 래빗』의 작가 베아트릭스 포터의 책을 보면서 자연과 동물의 아름다움이 무엇인지 발견했다고도 한다.

루이스가 1950년대 이후로 동화와 판타지소설을 저술하는데 더 많은 공을 들인 이유는 그의 변증적 전략이 바뀌었기 때문이라는 추측도 있다. 특히 1948년 가톨릭신자이며 옥스퍼드대학의 철학자인 엘리자베스 앤스콤과의 토론에서 그는 정교하게 훈련된 철학자에 의해 『기적』에서 밝힌 자신의 자연주의에 대한 비판이 거센 공격을 받은 것에 충격을 받았다는 것이다. 이 사건은 루이스로 하여금 『기적』의 수정판을 쓰게 했을 뿐 아니라, 그의 변증적 전략을 논리적 설명에서 상상과 미학을 동반한 내러티브로 바꾸는 계기가 됐을 것이었다. 물론 루이스가 『나니아 연대기』의 집필을 시작한 것은 그 토론 이전부터였으며, 그러한 동화적 캐릭터들의 구상은 어릴 때부터 품어왔던 것이다. 그러나 그 사건을 계기로 그가 1940년대 영국 엘리트 지식인들의 논리실증주의에 대응하는 것의 버거움을 느끼며 상상과 이야기의 세계로 역량을 이동시켰을 가능성은 높다.

루이스의 정감적 신앙성향은 그가 비로소 예수 그리스도를 하나님의 아들로 받아들이게 된 과정에 대한 묘사에서도 암시된다. 『예기치 못한 기쁨』에서 그는 모터사이클의 사이드카를 타고 윕스네이드의 동물원 가는 길에서 예수를 인격적 구세주로 영접했다고 한다.

* 루이스의 회심 여정

| 1929년 4월 28일 -<br>6월 22일 사이 | 하나님을 믿는 유신론자가 됨.<br>the most reluctant convert |
|---|---|
| 1931년 9월 19일 | 에디슨 산책로에서 톨킨, 다이슨과 대화하면서 기독교가 참된 신화이며 예수 그리스도의 이야기가 모든 신화들의 중심임을 깨달음 |
| 1931년 10월 1일 | 친구 아서 그리브스에게 보내는 편지에서 하나님에 대한 믿음에서 윕스네이드로 가는 중이었다 |
| 1932년 6월 7일경 | 윕스네이드 동물원에 가는 사이드카 안에서 예수의 신성을 믿게 됨. |

"마지막 한 걸음을 내딛게 된 과정은 잘 기억이 나지 않지만, 그 시점 만큼은 아주 잘 기억하고 있다. 어느 화창한 아침, 윕스네이드로 가능 중이었다. 출발했을 때에는 예수 그리스도가 하나님의 아들이라는 사실을 믿지 않았지만, 동물원에 도착했을 때에는 믿고 있었다. 그렇다고 해서 가는 길에 생각에 잠겼던 것도 아니었다. 격정에 휘말려 있지도 않았다. 가장 중요한 사건들 중에는 '감정'이라는 말

을 절대 쓰지 말아야 하는 경우들이 있는 것 같다. 그 경험은 마치 오랜 잠에서 깨어난 사람이 여전히 침대에 움직이지 않고 누워 있으면서도 자기가 깨어났다는 사실만큼은 인식하고 있는 것과 아주 흡사했다."

웝스네이드 동물원으로 가는 길에 그에게는 특별히 논리적인 사색이나 감정적인 격앙을 경험할 가능성이 전무했다. 그러나 분명한 신념의 전환은 일어났다. 유신론자에서 그리스도의 제자로 헌신하는 이동이었다. 성령의 도우심 외에 달리 영향을 주었을 요인을 루이스는 언급하지 않지만, 그 다음에 나오는 서술은 개인적으로 사소하게 보이지 않는다. 당시 웝스네이드로 가는 길의 풍경은 그의 마음에 어떠한 작용을 한 것일까?

> "그 후에 웝스네이드는 망가져 버렸다. 그 때는 머리 위에서 새들이 노래하고 발밑에는 보랏빛 초롱꽃이 만발해 있으며 왈라비들이 펄쩍펄쩍 뛰어다니는 왈라비 숲이 마치 돌아온 에덴 동산 같았는데 말이다." 『예기치 못한 기쁨』, 339

## 6. 나니아 연대기에서 찾아보는 정감적 호소

페벤시가의 아이들이 아슬란이라는 이름을 처음 들었을 때, "'아슬란 님이 오신다는 말이 떠돌고 있어요. 어쩌면 벌써 도착했을지도

몰라요.' 그 때 아주 신기한 일이 일어났다. 아이들은 여러분보다 더 아슬란이 누군지, 어떤 존재인지 모르고 있었다. 그런데 비버가 얘기를 끝내자마자 다들 아주 색다른 느낌에 사로잡혔다. 어쩌면 여러분도 가끔씩 꿈 속에서 누군가가 하는 말을 잘 이해할 수는 없지만 뭔가 원대한 뜻이 담겨 있는 듯한 느낌을 받아 본 적이 있을 것이다. 때로는 그것이 꿈 전체를 악몽으로 변하게 하는 무시무시한 뜻일 수도 있고, 때로는 너무 아름다워서 도저히 말로 옮겨 놓을 수 없는 사랑스런 뜻일 수도 있다. 너무도 아름다운 나머지 평생토록 기억하고 다시 한 번 꿔 보고 싶은 그런 꿈 말이다. 지금이 바로 그랬다. 아슬란이라는 이름을 듣자마자 아이들은 저마다 가슴 속에서 뭔가가 꿈틀꿈틀 솟는 것을 느꼈다. 에드먼드는 까닭 모를 공포를 느꼈고, 피터는 갑자기 솟구치는 용기와 모험심을 느꼈다. 수잔은 뭔가 달콤한 향기나 감미로운 선물이 자기 곁으로 확 퍼지는 듯한 느낌을 받았고, 루시는 아침에 일어나 그날이 방학 첫날이라거나 여름이 시작되는 날이라는 걸 깨달았을 때에 느끼는 그런 기분에 휩싸였다." 『사자와 마녀와 옷장』 중

『사자와 마녀와 옷장』 이야기 중 나니아를 구하러 아슬란이 올 때, "5분도 지나지 않아 황금빛, 보랏빛, 하얀빛 크로커스 꽃 무더기가 고목 밑에서 피어났다. 그 순간 물소리보다 훨씬 감미로운 소리가 들려 왔다. 그들이 걷고 있는 길 가상자리의 나뭇가지에서 갑자

기 새 한 마리가 지저귀기 시작한 것이다. 조금 떨어진 곳에서 그 소리에 답하듯 다른 새의 소리가 들려 왔다. 그러자 그 소리가 무슨 신호라도 되는 양 사방에서 짹짹짹 지저귀는 소리가 나더니, 5분도 못 되어 숲은 온통 새들의 합창 소리로 뒤덮였다. 에드먼드의 눈길이 닿는 곳마다 새들이 나뭇가지에 날아와 앉는 모습, 하늘을 날아다니는 모습, 서로 쫓고 다투고 부리로 깃털을 쓰다듬는 모습이 보였다.... 이제 안개는 흔적도 없이 사라졌다. 하늘은 점점 더 파래졌고, 가끔씩 흰 구름이 바쁘게 흘러갔다. 숲 속의 넓은 빈터에는 앵초꽃들이 피어 있었다. 산들바람이 불어와 나뭇가지에 맺힌 물방울을 떨어뜨리고, 지나가는 그들의 얼굴에 시원하고 달콤한 앵초꽃 향기를 실어다 주었다. 나무들은 이제 힘차게 되살아나기 시작했다. 낙엽송과 자작나무는 초록으로 물들었고, 금련화는 황금빛을 띠어 갔다. 너도밤나무에서도 곧 투명하고 여린 이파리들이 돋아났다. 그들이 그 아래로 걸어가니 햇살도 초록빛으로 바뀌었다.…"

겨울이 사라지고 불과 몇 시간 만에 온 숲이 1월에서 5월로 변해 버린 것을 보고는 모두들 에드먼드만큼이나 깜짝 놀랐다. 이 모든 변화가 아슬란이 나니아에 왔기 때문에 일어났다는 사실을 마녀처럼 확실히 몰랐다. 그러나 마녀 때문에 끝없는 겨울이 계속되고 있다는 것은 잘 알고 있었기 때문에, 모두들 이 신비한 봄이 시작되자 마녀의 흉계가 잘못되어 가고 있다는, 그것도 아주 많이 잘못되어

가고 있다는 사실만은 알아차렸다. 이렇게 해빙이 계속되면 마녀가 더 이상 썰매를 쓸 수 없을 거라는 사실도 깨달았다.

### 7. 루이스의 정감적 변증이 오늘날의 전도사역에 주는 교훈

알렌 크라이더의 『회심의 변질』을 보면, 초기 기독교 공동체는 새로운 신자들을 맞이하고 그들을 교육시킬 때, 처음부터 체계적인 교리 학습을 시키지 않고, 이야기와 그림을 통해 신앙의 덕목을 나누고, 학습자들이 변화된 삶을 시도하고 경험하게 하는데 집중했다. 초기 교회는 인간의 생각이 변화되어서 행동이 바뀌는 것이 아니라, 먼저 변화된 생각의 삶을 경험하고 체득해야, 그들의 생각도 변화된다고 보았기 때문이다. 이는 오늘날 새신자 교육에 어떠한 교훈을 줄까? 루이스의 변증이 상상과 내러티브를 동원한 정감적이었다면, 우리는 사람들에게 지식을 주입하고 설명해서 설득을 하려기보다, 기독교 신앙의 미적 아름다움과 풍성함을 전인적으로 배울 수 있는 계기들을 마련해야 하지 않을까? 예를 들어, 〈뜨레스 디아스〉 프로그램이 자연 속에서 창작과 예술, 영성과 즐거움으로 신앙을 재발견하게 했던 것이나, 알파코스에서 식사와 대화를 통해 기독교 신앙을 탐구하게 했던 방식은 그 프로그램들의 자극적 오용에도 불구하고 선별적 적용을 고려할 만하다.

고대 아일랜드의 켈트족에게 복음을 전했던 성 패트릭이나 성 콜

룸바누스와 같은 이들은 야만인 취급 받던 켈트인들에게 자연, 이미지, 이야기, 상징, 시, 노래, 동물과의 교류 등을 통해서 기독교의 생태적이고 예술적인 영성을 제공했으며, 이를 통해서 아일랜드 땅에서 대대적인 복음화를 이루었다. 우리는 복음을 핵심적인 교리 개요로 국한해서 제시하고 있지 않은가? 복음을 나누고 제시하는 사역에 문화예술적 풍성함과 의미있는 경험이 보강되어야 하지 않겠는가?

루이스의 변증을 상상과 미학의 내러티브로 평가하는 알리스터 맥그라스는 그의 책 *Mere Apologetics*에서 이렇게 말한다. "기독교 신의 진리에 초점을 두는 변증가들은 자연스럽게 기독교 진리를 방어하기 위한 증거론적 접근을 기울어질 것이다. 기독교의 아름다움에 사로잡힌 변증가들은 믿음에 대한 초합리적 접근을 탐구할 것이다. 하나님의 선하심은 자연스럽게 기독교 신앙을 변호하는 실제적 접근과 만나게 될 것이다." 113-115

이와 같이 루이스의 변증도, 지성적 변증과 아름다움을 수반한 정감적 변증이 씨줄과 날줄처럼 엮어 자연스럽게 기독교 신앙을 의미있고 실제적으로 제시하는 영향력을 남긴 것이 아닐까?

# 3. 레슬리 뉴비긴: 다원주의 시대의 변증과 선교적 교회론

김선일 교수(웨스트민스터신학대학원대학교)

## 1. 뉴비긴1909-1998의 인물과 생애

- 1928 캠브리지의 퀸스 칼리지에 입학. 신앙에 대한 재탐구.
- 1931~1933 스코틀랜드의 글래스고우에서 SCM 간사로 일을 시작(존 모트의 권고)
- 1933~1936 케임브리지의 웨스트민스터 칼리지에서 신학 수업
- 1936~1947 에든버러장로회에서 안수를 받고 아내 헬렌과 남인도에서 선교사 사역
- 1959~1965 IMC(International Missionary Council)와 WCC(World Council of Churches)의 통합 추진하며 새로 조직된 '세계 선교와 전도분과위원회'의 초대 위원장과 International Review of Missions 편집인 역임.
- 1965~1974 남인도교회 마드라스의 주교로 재임명되어 10년간 사역.

## 2. 뉴비긴의 문제 진단

귀국 후 뉴비긴의 고민은 자신을 선교사로 파송했던 영국이 오히려 자신이 선교사역을 했던 남인도에 못지 않은 이교사회로 변하고 있다는 것이다. 서구의 세속화는 이미 진행된 일이었으나, 이제는 다문화, 다종교화뿐만 아니라 서구사회의 원주민들이 기독교를 더욱 배척하고 저항하는 성향이 훨씬 심해진 것이다. 따라서 서구사회가 선교의 최전선이 되었다고 하는 것이다. 이처럼 세속화, 이교화된 서구 사회와의 선교적 대면을 위해서 뉴비긴은 인식론적 접근을 한다. 서구인들의 기독교에 대한 인식, 과학, 또는 이성과 종교의 대립적 관계에 대한 이해는 과연 온당한 것인가? "우리가 무엇을 안다고 할 때 정말로 아는 것은 무엇일까?" 『헬라인에게는 미련한 것』, 32

### 1) 타당성 구조의 변화에 대한 인식

서구사회, 특히 영국에서 기독교가 급속히 쇠퇴하는 현상에 대한 뉴비긴의 진단은 종교사회학자 피터 버거가 말한 타당성 구조 plausibility structure와 시작한다. 타당성 구조란 특정 시대나 집단에서 사람들이 가장 개연성 있는 관념적 전제에 근거해서 다른 종교나 이념에 대한 태도를 결정하는 방식이다. 이는 서구사회의 불신을 이해하는 데 중요한 틀인데, '사실을 받아들이는 체계'가 달라졌음을 의미한다.

근대 서구사회는 과학적 방법론과 자아중심주의의 타당성을 신뢰하는 문화를 이루었고, 그 기준에서 기독교의 위치를 재조정했다. 여기서 인생과 사회의 사실적 영역에 대해서는 과학과 이성이 발언할 권리를 갖게 되며, 종교는 인간의 내면세계와 감정의 영역, 혹은 내세나 초월 같은 미지의 영역으로 국한된다. 이러한 세속주의적 이분화는 다름 아닌 인식론과 타당성 구조의 변화로 말미암으며, 이러한 이분화가 기독교를 삶의 주변부로 몰아간다.

그런데 문제는 교회와 그리스도인들마저도 스스로를 이와 같은 변화된 타당성 구조 안에 머무르고 기독교를 사실과 가치가 이분화된 세계에서 가치의 영역에 종속시키려 한다는 점이다.

서구사회에서 기독교는 더 이상 사람들이 인생과 세계의 조건을 결정짓는 개연성 있는 체제로 작동하지 않는다. 근대에 이르러 신을 중심으로 하는 전통적인 세계 이해는 와해되었고, 과학주의적 세계관과 개인이 자유롭게 자율적으로 선택을 하며 살아가는 이단적 정언명령heretical imperative: 피터 버거의 표현의 시대가 되었다. 이러한 시대는 "이 온 세계는 누구에 의해서 그리고 어떤 목적으로 창조되었는가?"와 같은 질문에 관심도 해답도 제시할 수 없다는 것이다. 인간이 세상을 이해하는데 선험적으로 판단하는 세계관이 존재한다는 그 자체에 대해서는 전혀 도전히지 않고, 각자의 사율적 신념과 선택에 따라 사는 시대가 되었다.

하지만 그리스도인은 현재 지배적인 타당성 구조를 복음에 비추어 상대화 할 책임이 있다.『다원주의 사회에서의 복음』, 117 그렇다면 이 작업을 어떻게 수행할 수 있는가?

2) 사실과 가치의 분리. 공적 영역과 사적 영역의 분리

계몽주의 이후 근대 서구사회에서도 기독교는 지배적인 문화체제였다. 그러나 여기에는 사실과 가치의 분리, 공적 세계와 사적 세계의 이분화가 지속적으로 확산되었다. 사람들은 성스러운 공간에서 종교적 체험을 하지만, 현실의 삶과 관련된 문제들은 과학적 학문에 의해 규명되었다. 사실과 가치의 분리는 근대 사회의 모든 영역에서 일어났다. 사실과 가치의 분리는 결국 인간의 삶을 공적 영역과 사적 영역으로 나누게 되고, 여기서 종교는 사적인 가치의 영역으로 제한된다. 따라서 기독교는 사실의 세계에 관여하지 못하고, 공적인 책임성을 잃게 된다.

사람들은 공적 진리는 오직 과학의 영역에만 존재한다고 사람들은 생각한다. 왜냐하면 과학은 객관적으로 실증된 지식을 다루기 때문이다. 따라서 종교는 객관적 지식과 거리가 멀기 때문에 공적 사실이 아니라고 본다. 그러나 우리가 경험하고 살아가는데 기반을 두

는 사실은 과연 객관적, 실증적 지식에만 국한될까?

뉴비긴은 이러한 태도에 대해서 마이클 폴라니Michael Polanyi의 개인적 지식, 즉 암묵적 지식의 개념을 적용하여 비판한다. 제안한다. 암묵적 지식이란 과학적 데이터에 의해서 모두 밝혀지지 않은 객관적으로 분석될 수 없는 지식의 패턴이 있다는 것이다. 실제로 우리 인생에서 정말로 중요한 것은 그러한 암묵적 지식에 의해서 성취되고 유지된다.

### 3) 종교 다원주의에 대한 문제 제기

사실과 가치의 분리는 결국 종교적 신념을 인간의 주관적인 견해로 취급하면서 예수 그리스도의 유일성을 양보하는 종교 다원주의로 발전한다. 서구 식민주의 체제가 끝나고 신흥국가들의 종교와 문화의 위상이 부상되면서, 종교 다원주의는 현대 사회에서 서로를 존중하고 인정하는 바람직한 태도로 떠올랐다. 뉴비긴은 문화의 다원성은 인정하지만 종교적 신념을 다원주의화시키는 것에는 반대한다.

종교다원주의를 주장하는 이들이 대표적으로 사용하는 비유에는 '산 정상에 오르는 이들'과 '코끼리와 장님들'이 있다. 산 정상은 하나이지만 그 정상에 오르는 경로는 여러 가지가 될 수 있는 것처럼 각 종교들은 궁극적으로 같은 신앙의 이상을 찾아 나서는 것이다. 또한 장님들이 코끼리의 다른 부위를 만지면서 각자가 만진 부위를 곧 코끼리의 모습인줄 알 듯이, 각 종교는 신과 진리에 대해서 자기 나름대로의 제한된 이해를 갖고 있다는 것이다. 뉴비긴은 이 예화의 문제점은 '화자의 독특한 위치'라고 한다. 이 비유는 서로를 존중하고 상대화시키는 겸손한 입장의 종교다원주의를 주장하는 것 같지만, 사실 이 비유를 해석하는 사람 자신은 상대적인 존재가 아니라 모든 광경을 홀로 조망하고 있다는 것이다.

인간은 누구나 특별한 신앙적 전제 faith commitment 를 갖고 현상을 이해하고 사실에 대한 믿음을 가질 수밖에 없는데, 사실상 다원주의적 입장은 자신의 관찰과 입장이 객관적이며 선험적이라는 태도를 견지하는 모순을 범한다는 것이다. 따라서 뉴비긴은 "당신은 어떤 우월한 위치에 서 있길래 이 여러 경전들이 주장하는 절대적 진리들을 모조리 상대화할 수 있다고 주장하는가?"라고 반문한다. 다원주의, 316 즉, 사실과 가치를 구분하고, 종교를 내면적인 영역, 감정적인 영역만 다룬다고 할 때 누가 그렇게 정리할 수 있는 권위를 갖고 있는 것인가?

### 3. 뉴비긴의 변증적 논점

뉴비긴에게서 기독교 변증은 포괄적이고 합리적이며 매력적인 타당성 구조를 제시하는데 있다. 그의 변증적 논점은 목적론, 관계성, 공적 역사, 희망의 중심이라는 네 가지 차원에서 살펴볼 수 있다.

### 1) 목적론 중심의 변증

근대 서구의 과학주의적 세계관은 실재의 본질에 대한 기계론적 이해를 견지한다. 동물과 인간의 행위를 비롯한 모든 것을 설명할 때 목적을 언급하지 않고 인과관계에 입각해서만 설명한다. 이는 계몽주의와 근대화, 산업화 이후 시대를 채색시켰다. 소비를 위한 생산의 반복, 자본 증식을 위한 경제 법칙만이 작동하면 결국 탐욕의 법칙이 지배하는 자본주의로 흐르게 된다. 진화론도 마찬가지이다. 자기증식과 복제를 위한 합목적적 행동 밖에 없다. 목적이라는 가치가 들어설 여지가 없다. 예를 들어, 인간이 하는 일에서도 목적이 상실되고, 기계적 우주에 부합한 정교한 기술과 노동만이 남게 한다. 따라서 각 노동자는 전 과정을 좌우하는 완제품에 대한 시각을 더 이상 공유할 수 없다.

이러한 세계에서 목적 개념이 중심이 되지 않는 신비 종교<sub>순환론적 세계관</sub>는 근대의 과학적 세계관과도 잘 공존한다. 따라서 인간의 신비한 경험, 내면적인 종교성을 일깨우고 탐구하는 것만으로도 근대적 세계관과 종교는 큰 무리 없이 양립 가능하다. "동양의 종교는 이 세계를 목적의 견지에서 이해하지 않는다. 춤이 상징하는 것은 목적 개념을 불러일으키지 않고 움직임과 변화를 해석하는 것이다. 이에

반해 성경을 보면 신의 목적이란 개념이 지배적이다."『헬라인에게는 미련한 것』, 55

하지만 인간의 삶에서 목적은 불가피하다. 인간은 마음에 목적을 품고 그것을 성취하려는 존재다. 목적은 만물의 가치평가를 할 수 있는 기준이다. 목적은 사실상 우리의 실제 삶에 의미와 영향을 준다. 따라서 목적은 사실의 세계에 속한다. 아무래도 좋은 주관적 신념에 머무르지 않는다.

그러나 우리가 살아가는 데에는 얼마나 많은 목적에 대한 헌신으로 충만한가? 과학 실험을 할 때에도 우리는 가치판단과 믿음을 통과해야 한다. 프로젝트가 연구할만한 가치가 있고, 이전의 과학자들이 개발한 방법들이 믿을 만하다는 것, 담당 선생이 유능한 전문가라는 것을 믿어야 한다.

### 2) 관계성 중심의 변증

근대의 세계관은 또한 자율적 자아를 중심에 두고 있다. 세계의 사실과 의미에 대한 판단에 있어서 오직 자율적 인간의 탐구가 기준이 된다. 초월적 존재가 역사상 특정한 시간과 장소에서 자신을 알리셨다는 가능성 자체를 아예 배제한다. 그러나 기독교는 상호적, 관계적 인간 존재를 제시한다. 기독교는 상호성, 공동의 목적을 위한 삶이 있음을 의미한다.

개인주의적인 서구문화는 마치 복음이 개인만을 대상으로 삼는 것처럼 취급했다. 그러나 성경은 하나님께서 우주와 공적 세계를 대상으로 삼는 것을 보여준다. 온 땅이 하나님께 속했으며 이스라엘은 온 땅과 온 인류를 향한 선교적 소명을 받았다. 새 이스라엘은 국적과 인종을 넘어서 예수 그리스도께 헌신하는 개인들로 구성된 공동체다. 이러한 측면에서 뉴비긴은 정사와 권세라고 하는 인간 삶의 토대를 이루는 기본 규율스토이케이아이나 구조를 진지하게 논한다. 이것이 오늘날의 세계를 이해하는 타당성 구조를 제공한다. 예수 그리스도의 죽음과 부활은 이러한 잘못된 정사와 권세의 가면을 벗긴 사건이다. 따라서 복음은 정치, 경제, 교육, 문화 등의 영역을 지배하는 가정과 규율에 도전장을 던져야 한다.

모든 인간의 신념은 특정한 공동체 안에서 개발되고 계승된다. 이것이 하나의 전통이 되어 그 공동체에 속한 사람들은 자기를 양육한 그 문화의 영향과 모두가 공유하는 전통의 영향을 받게 된다. 바울이 우리의 시민권이 하늘에 있다고 강조한 이유도 바로 그와 같은 소속과 공동체를 전환시키는 것이었다. 십자가의 예수는 우리를 위한 전통과 공동체의 패러다임을 완전히 바꾸며, 그의 이야기와 교회에 우리를 속하게 한다.

뉴비긴은 "우리는 예수 그리스도 안에서 일어난 위대한 은혜의 사역을 출발점으로 삼아, 어떻게 하면 그분이 영광 받으실 수 있을지 물어야 한다. 선교의 목표는 바로 하나님의 영광"이라고 말한다.
『다원주의 사회에서의 복음』, 333

### 3) 공적 역사로서의 기독교

성경은 처음부터 인생을 우주적, 보편적 역사의 맥락에서 조망한다. 성경은 역사이며 사실이다. 성경의 세계관과 역사는 신뢰의 행위를 필수적으로 요구하는 개인적 믿음이다. 개인적이라고 해서 주관적인 느낌이라는 것이 아니라, 무엇이 참인지를 믿는 것이다. 이는 인류 역사 전체의 의미에 관한 진리를 믿는 것이며, "보편적 의향을 품고 견지하는 신앙이다. 따라서 나는 그것을 인종과 신조와 문화에 상관없이 모든 시대와 장소에 몸담은 모든 인간과 함께 공유하려고 노력하고, 내가 당면한 모든 상황에 비추어 그것의 진위를 시험해 보려고 애쓴다. 내가 이 정도로 깊이 헌신한 경우에만 그것이 진정한 믿음이다."『다원주의 사회에서의 복음』, 181

이런 측면에서 기독교의 진리는 특정한 시간과 공간의 역사에서 일어난 사건을 절대적 기반으로 한다. 만일 예수의 삶과 죽음과 부활이 실제 역사에서 일어난 사건이 아니고, 그와 상관없이 언제나 타당한 진리들을 예증하는 이야기에 불과하다면, 기독교의 가르침

전체가 곤두박질치고 말 것이다." 『다원주의 사회에서의 복음』, 133

따라서 뉴비긴은 예수 그리스도의 죽으심과 부활은 역사의 실마리clue라고 반복해서 강조한다. 이는 개인의 믿음으로 출발하지만, 공적인 사실로 수용되어야 할 보편적 의향을 지닌다. 사실은 하나 밖에 없다. 다양한 역사가 존재할 수 없다. 역사를 이해하는 다양한 방식이 있을 뿐이다. 뉴비긴은 초기부터 교회는 공적인 진리를 주장하면서 로마의 신화와 세계관을 정복했다고 한다. 따라서 그는 공적 진리를 잃은 근대 세계의 기독교에 대해서 다시 생각하고, 교회의 본질적인 공적 신앙을 회복해야 한다고 주장한다.

### 4) 희망의 변증

뉴비긴은 오늘날 우리 문화의 특징은 뜻 깊은 미래에 대한 희망을 상실한 것이라고 한다. 기독교는 역사 속에서 일어난 실마리가 되는 사건에 대한 믿음, 그리고 그 사건이 계시의 구속사를 통해서 역사를 완성하고 있다는 종말론적 소망에 근거한다. 기독교는 소망의 이야기다. 소망을 품고 행동하는 것은 확신을 갖고 바라보는 그 무엇이 있다는 뜻이며, 하나의 지평을 갖고 있다는 것이다. 『다원주의 사회에서의 복음』, 196 따라서 인간의 처지가 아무리 절망적이라 하더라도 복음 안에서 열정과 인내를 겸비한 소망으로 충만하게 되는 것은 얼마든지 가능하다.

성경 이야기에 의해서 형성된 타당성 구조를 도입한 공동체는 뚜렷한 역사의 목표가 있으며, 그 목표의 달성에 대한 확신이 있다. 이 점은 기독교 내러티브의 뚜렷한 차별점이다. 우리는 미래를 보면서 영혼의 닻이신 예수 그리스도를 신뢰하는 것이다. 이러한 소망을 가질 때 우리는 확신 있는 행동을 할 수 있다. 결국 우리의 개인적 삶과 공적인 삶 모두는 소망의 지평을 보고 살아간다. 그것은 그리스도께서 다시 오신다는 것이다. 우리가 하는 모든 일이 그리스도께 드려지고, 그분의 나라에 배치될 것이다.

> "우리가 정말 복음의 이야기에 내주하고 있을 때에만, 즉 우리가 이 이야기를 믿고 그것을 타당성 구조로 받아들인 기독교 공동체에 깊이 참여할 때에만, 우리는 뜨거운 소망을 품고 한결같이 확신 있게 살아갈 수 있을 것이다." 『다원주의 사회에서의 복음』, 427

### 4. 뉴비긴의 복음사역에 대한 태도

#### 1) 복음에 대한 자신감

뉴비긴은 영국의 그리스도인들이 복음을 전하는 일에 소심한 이유를 두 가지로 본다. 첫째, 현대의 과학적 세계관이 전통적인 기독교의 가르침을 믿을 수 없게 만들었다. 그래서 복음을 현대 사상의 요구조건에 맞춰야 한다는 생각이 팽배했다. 둘째, 대도시는 이미

다종교, 다문화된 상황이어서 기독교를 전하는 것은 인종차별적인 태도가 될 수 있고, 소수파 공동체를 존중하기 위해서는 복음전도는 당연히 배제되어야 한다는 생각이 있었다. 그래서 그는 선교사역을 신학적 인종차별이라고 묘사하는 한 성직자에게 '신학적 간음'을 조심하라고 따끔한 충고를 해주었다고 한다.「아직 끝나지 않은 길」, 477

그는 복음에 대한 자신감confidence이라는 개념을 제시한다. 이 단어는 확실성certainty과 구분된다. 인간의 노력을 통해서 사람을 바꾸겠다는 태도가 하나님의 위대함과 섭리를 충분히 기대하기보다 자신의 역량에 더 의존할 경우 펠라기우스주의에 빠질 수 있기 때문이다. 복음에 대한 자신감은 공적 역사로서의 복음이 선사하는 타당성으로 인한 자신감과 예수 그리스도 안에서 역사를 주관하시는 하나님의 섭리에 대한 신뢰에서 비롯된다.

우리는 다원주의적인 압력, 즉 "너에게는 진리일지 모르나 만인에게 진리는 아니"라는 요구를 거절해야 한다고 그는 말한다. 또한 다원적 사회에서 다양한 사람들이 예수 그리스도를 고백하고 그의 교회에 합류함으로써 우리는 하나님의 사랑의 길이와 넓이, 높이와 깊이를 더 많이 배울 수 있기에 자신감을 지닐 수 있다고 한다. 기독교 복음은 하나님께서 창조하시고, 예수 그리스도의 죽으심과 부활을 통해서 역사의 실마리가 풀린다는 것을 믿고 신뢰하며, 이를 기반으로 사람들로 하여금 자아 성찰과 회개, 새로운 헌신의 인생으로 변화시키는 확신을 제공한다. 이는 또한 역사를 주관하시는 하나님의 신실하심을 믿고 신뢰함에서 비롯되는 '적절한 자신감'proper confidence이다.

### 2) 회심과 복음전도의 중심성

뉴비긴은 복음의 공적 진리 됨을 강조하고, 교회의 공적 세계에 대한 책임도 특히 WCC 사역을 마친 뒤에는 더욱 강조하였다. 그러나 뉴비긴의 전 생애와 사역에서 회심과 복음전도는 중심을 이루고 있었다.

그는 믿음의 진지함은 곧 이웃과 복음을 전하려는 간절히 수반할 수밖에 없다고 말한다. 따라서 회심에 대한 관심은 이웃에 대한 관심의 증가를 의미해야 한다는 점을 분명히 한다. "무엇보다도 복음을 전파하는 교회가 그 이웃을 돌보는 공동체로 인식되는 것이 중요하다." 『다원주의 사회에서의 복음』, 437 예수께서 "회개하라, 천국이 가까웠다"고 말씀하신 것은 우리에게 완전히 새로운 인생관으로 이어지는 마음의 회심을 요구하신 것이다. 이는 삶의 전 영역을 포괄하며 모든 공적인 삶과 개인적인 삶에서의 회심을 말한다. 따라서 뉴비긴은 복음을 모든 곳에 사는 모든 사람에게 권하는 것, 복음을 인류의 역사와 개인의 생애를 이해하는 궁극적 실마리로 증언하는 일은, 아무리 오해받고 무시받고 비난받는다 할지라도, 결코 불필요하게 되거나 도외시될 수 없다고 단언한다. 『다원주의 사회에서의 복음』, 262

또한 전도는 단지 개개인의 영혼이 멸망하지 않도록 구원하는 차원만이 아니다. 이것은 하나님에 관한 것이며, 예수 그리스도의 통치가 종말에 완성된다는 희망의 증언이다. 따라서 전도에 대해서 우리가 던질 질문은 "이 사람은 죽으면 어떻게 될까?"가 아니라, 하나님의 전체 이야기 가운데 이 사람의 이야기에 의미를 부여할 그 종말은 어떤 것일까?"가 되어야 한다. 『다원주의 사회에서의 복음』, 331

### 3) 선교적 회중: 복음의 해석자로서 공동체

뉴비긴은 그리스도인이 공적 영역에 영향을 미치기 위해서 일차적으로 고려해야 할 대상은 바로 지역 교회 회중이라는 결론에 도달한다. 어떻게 해야 사람들이 복음의 메시지를 듣고, 인간사의 최종 결론이 십자가에 달린 예수 그리스도의 권세에 달려 있다는 것을 믿게 될까? 그것은 "복음을 믿고 복음에 따라 사는 남자와 여자들로 이루어진 회중이 복음의 유일한 해석자이자 단 하나뿐인 해답이라는 것이다." 『다원주의 사회에서의 복음』, 419

그는 복음으로 공적인 영역에서 펼치는 활동의 중요성을 부인하지 않으며, 복음전도와 영적 집회, 기독교 저술 등의 중요성도 인정한다. 하지만 이러한 것들은 "부차적일 뿐이고" 원래의 기독교 변증은 "반드시 믿음의 공동체에 뿌리박고 또 그 공동체로 귀결되어야 한다"고 주장한다. 교회는 본질에 충실할 경우 예수의 성품을 반영하게끔 되어 있다.『다원주의 사회에서의 복음』, 419

뉴비긴은 예수께서는 책이 아니라 하나님 나라의 비밀을 전달할 공동체를 준비시키셨다고 말한다. 여기서의 공동체는 단순히 교제와 나눔을 잘하는 것에 그치지 않는다. 이 공동체는 하나님께서 예수 안에서 행하신 일과 그 역사적 완성을 향한 종말론적 희망을 가르치고 그것을 믿고 살아내며 공동의 습관을 만들어 가는 곳이어야 한다. 그리스도의 공동체는 성령의 선물을 통해서 하나님 나라를 미리 맛보는 곳이다. 율법이 아니라 복음을 전하는 곳이 되어야 한다. 새로운 실재가 현존하는 곳이어야 한다.

복음의 해석으로서 회중이라는 개념은 선교적 교회론이 발전하는 가장 중요한 단서가 되었다. 뉴비긴은 그동안 교회가 선교사역을 중요하게 취급하기는 했지만 교회 자체가 '선교'로서의 정체성을 분명히 한 것은 아니었다고 본다.『오픈 시크릿』, 17 따라서 선교는 교회의 존재 자체이기 때문에, 회중은 교회의 그와 같은 선교적 본질을 인정하고 세상에 대한 그리스도의 선교에 동참하여야 한다.『오픈 시크릿』, 16 선교가 교회의 본질이고 정체성이라는 이해에 근거해서 뉴비긴은 미시오 데이Missio Dei의 인간화, 사회정의 강조와 개인주의적 영혼 구원과 교회의 수적성장을 위한 보수적 입장 모두를 비판한다. 이 두 입장 사이의 갈등이 교회의 선교를 크게 약화시킨다고 우려한다. 선교적 교회의 핵심은 그리스도의 사역으로 인해 생긴 새로운 실재가 최우선이어야 한다. 가장 중요한 관건은 말과 행위, 무엇이 더 우선이냐가 아니라 "그리스도 안에서 성령의 능력으로 사는 공동체가 삶 전체를 통하여 그분의 고난과 부활의 능력에 동참하는 일이다." 『다원주의 사회에서의 복음』, 259

기독교가 공적 우위권을 되찾기 위해서는 "지역 교회에서 시작해야 한다. 즉, 거기서 새 창조의 실체가 나타나고 알려지고 경험되며, 거기로부터 남자와 여자들이 공적 영역 구석구석까지 나아가 그 부분을 그리스도의 것으로 되찾고, 그 동안 숨겨져 있던 환상을 벗겨 버리고 모든 영역을 복음의 빛으로 환히 들춰내는 사역을 수행해야 한다. 그런데 이런 일이 있으려면 먼저 교회가 자기만 챙기는 교회 중심적 태도를 과감하게 버리고, 그 존재 목적이 교인이 아닌 자들을 위해 하나님의 구속의 은혜를 보여주는 표지, 도구, 맛보기가 되는 데 있음을 깨달아야 한다." 『다원주의 사회에서의 복음』, 428

### 4) 교회의 연합

뉴비긴의 생애와 사역을 보면 교회의 연합을 위해서 지속적인 열정을 보여줬다. 그는 교회의 연합과 선교는 동전의 양면이라고 배웠다. 따라서 교회의 연합은 그 자체로 그리스도 안에 참여하는 삶과 복음의 효과적인 선포를 증언한다. 그는 예수께서 교회가 서로 하나가 되어 세상이 믿게 된다고 말씀하신 것을 상기시킨다. 연합은 선교의 도구이지만, 동시에 선교의 산물이기도 하다. 뉴비긴은 근대 선교운동이 교회의 연합운동과 함께 된 것을 중요하게 본다. 그는 교회의 불일치는 선교를 파괴하며 용납할 수 없게 만든다고 지적한다.The Household of God, 8 이러한 연합과 선교는 교회의 본질을 이루는 필수적 요소다. "교회가 하나되기를 중단하거나 선교를 중단하게 되면, 그것은 교회의 본성을 위배하는 것이다."The Household, 26 이러한 교회연합에 대한 이해와 역사의 실마리로서 예수 그리스도, 그리고 소망으로서의 기독교가 갖는 상호 연관성을 몰트만의 글에서 설명해보자. 몰트만은 이렇게 말한다. "사회학적으로 볼 때 오늘날 교회는 현대사회에서 여러 공동체의 하나로서 종교공동체의 역할을 수행하고 있습니다. 하지만 교회는 결코 자신을 그렇게 이해하지 않습니다. 교회는 스스로 이 세계를 위한 포괄적인 희망을 갖고 모든 민족에 대해 선교의 책임을 지닌 보편적인 공동체로 이해하고 있는 것입니다. 이런 측면에서 볼 때 유럽에서 기독교 국가가 사실상 무너지면서 교회연합운동이 발생하였다는 것은 주목할 만합니다. 이 교회일치운동은 사회적인 소수가 된 교회를 세계 전체 공동체의 일원으로 만들어주었습니다."몰트만, "희망의 하나님, 미래를 위한 삶"〈기독교사상〉 2004.7 이는 국가에 대한 충성보다 보편교회에 대한 충성이 더욱 중요함을 시사한다.

1959년부터 국제선교협의회에서 일하면서 뉴비긴은 그 당시 선교가 "교회 상호 간의 원조"로 흡수되고, 구원에 이르게 하는 하나님의 능력인 복음에 대한 확신이 갈수록 줄어드는 현실을 보고 안타까워한다. 1960년 7월에 슈트라스부르크에서 열린 세계기독학생연맹 수련회에 참석한 그는 '세계를 수용하고 긍정하며 기독교의 세속화를 추구하는 선교적 갱신'을 부르짖는 한스 호켄다이크의 인기 강연을 듣고, "개인적인 차원에서 무척 가슴이 아팠다"고 술회한다. 그 말에는 진리의 요소도 있으나 전통적인 선교사들은 전혀 주목받지 못하는 현실이 고통스러웠다고 한다. 그 수련회에 참석한 한 리더는 "하나의 악몽과 같았고, 돌이켜 보면, 우리가 살아남은 것만 해도 다행스럽다고 느껴질 정도"라고 논평했다.『아직 끝나지 않은 길』, 353

이러한 진술을 볼 때, 뉴비긴이 공을 들인 교회의 연합은 복음과 선교를 위한 것임이 분명하다. 그는 선교의 필수적인 요소로서 교회의 연합을 호소했으나, 1960년대는 하나님의 사역에 동참하려면 오히려 교회를 등지고 세속적 문제들로 나아가야 한다는 미시오 데이 Missio Dei의 시대였다.

1962년부터 세계교회협의회의 교회와 전도 분과위원회 위원장 겸 선교사상 저널인 International Review of Missions의 편집인을 역임하면서 그는 당시 선교의 세속화 물결에 맞서 힘들고 어려운 시절을 보냈다고 한다. 그런 가운데서도 그는 아래와 같은 사항을 견지하고자 노력했다.「아직 끝나지 않은 길」, 390

(1) 가장 중요한 일은 더 많은 사람들이 예수님이 구원자이심을 알도록 인도하는 것
(2) 정치 질서와 관련된 우리의 책임은 사랑의 계명에서 나오는 것이다.
(3) 즉, 특정한 사회질서나 정치질서의 확립에 대한 기대에서 나오는 것이 아니다.
(4) 신약성경은 첫째, 우리의 대의가 성공하리라 기대하지 말고, 둘째, 문제들은 극심해지고 적그리스도가 출현할 것을 예상하며, 셋째, 그리스도만이 희망임을 가르친다.
(5) '급속한 사회 변동' 사상은 어떤 일관성 있는 신학도 개발하지 못하며, 혁명 운동을 구속사역과 동일시할 수 있는 위험을 안고 있다.
(6) 그리스도 안에서의 삶은 급속한 사회 변동과는 다르며 이를 초월한다.

# 4. 프란시스 쉐퍼의 합일적 변증

김선일 교수(웨스트민스터신학대학원대학교)

## 1. 쉐퍼의 생애 1912-1984와 사역

   1) 쉐퍼의 생애
- 노동자 집안에서 태어나 17세에 성경에서 인생의 질문에 대한 답을 발견
- 햄튼-시드니대학 재학 중 정통 신앙 논쟁에서 아내가 될 에디스(1914-2013)를 만남
- 1935년 웨스트민스터신학교 입학 / 1938년 페이스신학교 졸업
- 성경장로교회의 안수를 받고 미주리 지역에서 노동자 대상의 목회
- 에디스와 함께 Children for Christ 사역에 헌신
- 1948년 스위스 선교사로 파송 / 1951년 영적 위기 경험 (불가지론)
- 1954년 딸의 친구들과 기독교와 인생의 의미에 대한 대화 -> 라브리 선교회 시작

- 1960년대 외부 강연과 저서 출간: 삼부작
- 1970년대 폭넓은 집필 활동과 비디오 제작(『그러면 우리는 어떻게 살 것인가』)
- 1970~80년대 성경무오 국제협의회 운동과 반낙태운동

2) 쉐퍼의 유산
- 33권의 저서 (1960년대 중반 이후 강연)
- 국제 라브리 사역: 9개국 10개 공동체로 확산
  두 가지 모토 - '하나님의 살아계심을 삶과 일 속에서 증명(demonstration)' - '정직한 질문에 정직한 대답', 라브리 간사의 집에 손님으로 초대받아 자신의 관심과 질문을 중심으로 대화하며 반나절은 공부하고 반나절은 일하는 생활 리듬을 가졌다. 수도원적, 영성훈련적 공동체가 아닌 개인적 연구와 일상생활 중심의 공동체
- 국제장로교단(International Presbyterian Church) 설립
- 복음주의적 문화변증 운동의 효시
- 생애 후기: '기독교 도덕적 다수'(Moral Majority) 운동에 영향을 줌(문화전쟁, 낙태반대운동, 월남전 지지)
- 쉐퍼의 저서 중 'Death in the City'나 'A Christian Manifesto'가 종종 기독교적 사회참여를 강력하게 호소하는 복음주의의 유일한 문서로 인식됨

- 커버넌트(Covenant) 신학교의 프란시스 쉐퍼 연구소(제람 바즈와 리처드 윈터 교수 부임)

   3) 에디스의 역할
- 중국 선교사의 딸로서 쉐퍼에게 그레샴 메이첸 등의 정통장로교 신학을 소개
- 라브리의 가족적, 공동체적 문화 형성: 쉐퍼의 초기 외부 활동 반대
- '생활 속에 숨은 예술' (Hidden Art)
- '상식적인 기독교인의 삶'(Commonsense Christian Living)
- '라브리'(L'Abri)와 '테피스트리'(Tapestery) 등의 자전적 저술

## 2. 쉐퍼의 변증 방식

변증의 두 가지 목적: 1) 소극적 측면: 기독교 신앙의 실재성을 방어하는 것 2) 적극적 측면: 특정 세대가 이해할 수 있도록 기독교를 전달하는 것

> "방어는 반드시 필요하며 또한 사태를 대비하는데 적합한 것이다. 왜냐하면 역사적 기독교는 어느 시대를 막론하고 공격을 받고 있기 때문이다. 방어는 반대 의견을 가진 사람들에 대한 대답이다. 이러한 대답은 나의 인격적 영적 지적

생활의 통일을 위해서 먼저 나에게 필요하며 그 다음에는 내가 책임을 지고 있는 사람들을 위해서 필요하다. 우리 세대 사람들이 가하는 반론과 애매모호한 의미가 어디에 문제가 있는가에 대한 도움을 주지 않으면서도 기독교를 짊어지고 갈 다음 세대들에게 역사적 기독교의 입장을 계속해서 파수하도록 기대하는 것은 비합리적이다."

### 1) 지성적 변증
- 쉐퍼의 3부작: '*Escape from Reason*', '*The God Who Is There*', '*He is There and He Is Not Silent*'
- 참된 진리: 진리관의 변화로 인한 인식론적 전환 -> '절망의 선(線)'
- 신정통주의(칼 바르트)와 실존주의 철학(키에르케고르)에 대한 급진적 비판: 절대적, 객관적 진리에 대한 회의를 낳고, 신앙을 비합리적인 비약의 세계로 전락시킴
- 전제주의적 변증: 과거에는 불신자들도 합리성, 인과법칙, 절대성의 존재 등과 같은 공통분모를 가지고 있었으나, 절망의 선 아래로 내려가면서 더 이상의 공유하는 전제가 없어졌다. 전제가 바뀐 것을 모르고 전도를 하는 사람은 "어리석은 사냥꾼"에 불과하다.

\* 반틸도 이 점을 강조했으나 세속의 전제가 비일관적이며 비논리적이라는 점을 간과했다고 보며, 반틸은 쉐퍼가 합리적 토론 가능

성을 열어두는 것이 데카르트적이라고 비판. 쉐퍼는 변증을 위한 중립지대가 존재한다고 생각했으나, 반틸은 기독교적인 전제에 설 수밖에 없다고 생각하며, 불신자가 제기하는 질문에 모두 답을 하며 토론에 임할 필요는 없다고 보았다. 쉐퍼는 불신자의 비논리성을 찾는데 적극적인 반면, 반틸은 기독교 신앙을 수호하는데 더욱 관심이 있다. 쉐퍼는 일반은총에, 반틸은 특별은총에 더욱 방점을 찍은 듯하다.

- 지붕 벗기기(taking roof off): 긴장점 찾기

이는 사람들로 하여금 자신의 전제에서 도출되는 논리적 결론이 실제의 세계와 긴장점을 갖는다는 것을 직시하도록 압박하는 것이다. 에디스 쉐퍼는 이러한 변증방식에 대해 신중해야 할 것을 충고하였으며 따라서 쉐퍼도 사랑의 마음과 성령의 역사를 위한 기도가 필요했다 **전도자가 바로 답을 주기보다는 사람들이 스스로 타락한 세계의 모순된 현실을 직시하게 하는 것이다.**

### 2) 문화적 변증

- *The God Who Is There*(『기독교와 현대사상』으로 번역): 절대성의 부정으로 인해 현대인이 허무주의로 빠지면서 절망의 선 아래에 빠진다는 것을 미술, 철학, 신학, 현대문화의 양상을 통해 보여주는 작업

- 『그러면 우리는 어떻게 살 것인가?』(*How Should We Then Live*): 하나님의 존재와 성경의 권위를 침식하는 르네상스 이후와 근대 인본주의 이성으로 인해 인간성의 황폐와 사회적 혼란 및 하나님의 자리를 대체하는 이데올로기가 등장하는 과정을 기술
- '성경과 예술': 그리스도인의 창의성과 상상력 강조
- 기독교 신앙의 문화적 차원을 알려주는 특별한 변증 사역: 복음주의적 문화신학과 변증신학의 전공자들에게 영향을 줌
- 미술사학자인 한스 루크마커와의 교류 (Modern Art and the Death of a Culture)

### 3) 관계적 변증
#### (1) 인간에 대한 연민
- 현대사상과 문화의 비인간화
- 상대주의, 이성에서의 도피, 절대성 거부로 인한 인간에 대한 통합적 관점 상실
- 하나님의 형상으로 지음받은 인간의 존엄성: '타락했으나 영광스러운 존재'
- 'No Little People'

#### (2) 최종적 변증은 기독교인의 삶이다.
그것은 바로 아가페적 공동체다. 사람들은 기독교의 교리뿐 아니

라 그 교리가 만들어 내는 삶의 문화를 주목한다.
- 사랑과 하나 됨
- 환대, 테이블 대화, 가족적 삶의 체험
- "어린이는 성인만큼이나 존중받아야 하는 소중한 존재로서 우리가 시간과 노력을 기울일만 하다. 신앙의 위인들은 어린이들에게 가장 친절했던 자들이었다."

### (3) 라브리 공동체를 통한 변증 사역

"쉐퍼의 기독교 변증에서 가장 인상적인 것은 그의 사람에 대한 연민이다. 신앙의 의심을 갖는 사람이 있다면 55분 동안 듣고 질문하며, 5분 동안 기독교 메시지를 말하겠다고 했다." 제람 바즈

### 4) 영적 실재의 변증: 쉐퍼의 변증적 핵심

- 성경적 진리는 우리의 모든 삶, 즉 세상이 존재하는 모든 방식에 대하여 진리가 된다. "Christianity is true to the way things are."
- '쉐퍼의 편지': 기독교 진리는 아파하고 고민하고 염려하는 사람들을 보듬으려 성경적 교리를 접목시킬 수 있는가?
- 하나님의 실재성(reality: 쉐퍼가 가장 자주 쓰는 단어)은 인간과 세계의 모든 삶을 위한 준거 틀이자 유일한 해석이다.
- 기도의 능력에 대한 믿음: 라브리의 기도편지 사역은 자신들의 필

요를 위한 기도 요청을 하지만, 헌금이나 지원을 요구하지 않는다. 사역 계획은 항상 단기적으로 한다.
- 우주와 두 의자 비유

> "성경적 관점에 따르면 실재에는 두 부분이 있다. 하나는 우리가 일상적으로 보는 자연적 세계이며, 또 하나는 초자연적인 세계이다... 그리스도인의 삶은 현실의 두 부분, 즉 초자연적인 부분과 자연적인 부분에서 사는 것을 의미한다. 성경적 그리스도인이 된다는 것은 이론적으로뿐만 아니라 실제로도 초자연적인 현재 상태에서 사는 것을 의미한다."

### 3. 쉐퍼와 루이스, 쉐퍼와 뉴비긴

1) 루이스와의 유사점 및 차이점

> "프랜이 태어났을 때, C. S. 루이스가 그토록 끔찍하게 싫어했던 기숙사 학교를 다니던 13세 소년이었음을 생각하면 참 신기하다." 에디스

- 1950년대에 캠브리지의 학생들이 루이스와 쉐퍼의 만남을 주선하려고 함
- 예술적, 상상적 변증: 라브리 서재에서 루이스의 책들은 많은 추천을 받는다.

- 영적 세계관과 실재성: 기독교 신앙이 어떻게 인간의 삶을 풍요롭게 하는가?
- 상이점: 루이스의 신화적 성경관 vs. 쉐퍼의 성경무오성에 대한 확고한 믿음

  2) 뉴비긴과의 유사점 및 차이점
- 공적 진리로서의 기독교 복음에 대한 확고한 옹호
- 역사적 사실이자 중심으로서 예수 그리스도의 죽으심과 부활에 대한 이해
- 근대 서구의 계몽주의로 인한 기독교적 세계관과 문화의 약화에 대한 비판적 성찰
- 복음의 공적, 역사적 진리성은 지역의 회중과 공동체를 통해서만 해석된다는 신념과 기독교 진리를 일과 삶을 통해서 증명한다는 라브리의 운영 모토
- 신학적 입장(진영)의 차이: 뉴비긴은 에큐메니컬의 인본주의적 선교에 대해서 통렬히 비판하고 안타까워했으나, 보수-근본주의 신앙의 비지성적, 분파적 성향과는 거리를 두었다.

## 4. 쉐퍼와 한국교회의 전도
  1) 성경적 세계관과 문화변증적 전도의 도입

2) 한국사회의 비종교화와 개인주의적 상대주의 세계관의 확산을 고려할 때, 쉐퍼의 기독교 세계관과 전제주의적 변증은 새롭게 조명될 필요가 있다.
- 신에 대한 믿음: 매 조사마다 하락 추세
1984년: 51%, 1997년: 48%, 2014년: 39%, 2021년: 39%

3) 환대적 전도: 에즈베리 신학교의 크리스틴 폴(Christine Pohl)은 현대 기독교의 대표적인 환대사역으로 라브리의 사례를 든다.('손대접') 라브리는 사역 초창기부터 기독교적 환대의 가치를 발견하고 강조해 왔다.(로사리아 버터필드의 '복음과 집 열쇠')

4) 취향 커뮤니티와 지역 소모임의 활성화: 라브리 공동체의 지성과 문화적 삶을 통한 전도는 한국사회의 새로운 관계와 공동체 문법에 접목될 수 있을까?

**부록: 쉐퍼의 8가지 변증 원칙**<sup>제람 바즈</sup>

1. 모든 사람은 믿음이나 생활방식에 관계없이 하나님의 뜻대로 산다. 우주는 존재하는 유일한 것이기 때문이다.
2. 불신자는 실제로 거주할 또 다른 세계, 즉 거짓 신, 우상, 만물을 지으신 참된 하나님을 예배하기를 완강히 거부하는 세상을 발명

한다. 그러한 발명은 모든 종교와 대안적 세계관과 삶의 방식이 무엇인지를 보여주는데, 그것들은 사실 진리가 아니라 일종의 가상 믿음이다.

3. 이 발명은 사실 "실재하는 세상"(there)에 적합하지 않으므로 불신자들이 산다. 그들은 두 세계 사이에서 산다. 자신들이 선택한 신을 숭배하고 섬기며 선택한 세상이지만, 사실은 그것도 하나님이 만드신 세상이다.

4. 불신자들이 그들의 가상 세계에 충실하다면 무의미함, 부도덕, 비합리성에 빠지게 될 것이다. 하지만, 감사하게도 완전히 일관성 있게 사는 사람은 없다.

5. 불신자는 속임수에 빠져 하나님께서 일반은총의 은혜를 베푸셨지만 하나님의 세계 안에 있는 진리를 억누르고 부정한다.

6. 하나님은 불신자들과 끊임없이 진리를 대면하신다. 왜냐하면 성령은 세상을 감찰하시기 때문이다. 성령은 사람들이 그릇된 방식으로 자신들이 섬기기로 선택한 세상의 결과를 보게 하시며, 또한 그의 좋은 선물을 불신자에게 계속 부어 주신다. 이 선물은 곧 불신자에게 회개하고 한 분이신 참 하나님을 구하도록 촉구하는 증언이다. 따라서 믿지 않는 자들은 변명할 여지가 없게 된다.

7. 우리는 긴장에 초점을 맞춰 불신자들이 모든 선하고 참되고 아름다운 것은 하나님께로 말미암았음을 볼 수 있게 해야 한다. 하나님의 세상과 선물은 그들의 진정한 고향이며, 그들이 생각과 마음

을 다해 추구하는 세계관이나 우상은 진실로 존재하는 세계와는 전혀 어울리지 않는다.

8. 우리는 우리의 생각과 삶에서 우리 신자들도 항상 일관적이지 않다는 것을 기억해야 한다. 우리 모두는 여전히 두 개의 세계에 살고 있으므로, 우리 자신의 오류와 불일치를 인정하면서 겸손, 이해, 은혜, 존경으로 진리를 전달해야 한다.

# 5. 프란시스 쉐퍼의 라브리 전도

성인경, 박경옥(한국라브리)

## 1. 청년들의 변화와 전도 사례

1) 조용히 쉬며 자신을 돌아볼 수 있는 안전한 공간 제공

한 한국 학생이 스위스를 방문하고, 경치가 너무 아름다워서 엉엉 울었다는 말이 있습니다. 메이첸John Gresham Machen이란 신학자도 "독일 신학교에서 발견하지 못한 하나님을 알프스에서 만났다"라는 유명한 말을 남겼습니다. 알프스산만 아니라, 무등산이나 한라산도 많은 사람들의 마음을 열어줍니다. 저희도 많은 청년들이 라브리에 도착하기 전에, 설악산 자락을 올라오는 중에 이미 마음을 열고 오는 경우를 봅니다.

청년들이 편안하게 쉬면서 자기 자신을 돌아볼 수 있는 시간을 갖도록 해 주는 것, 이것이 오늘날 그들에게 줄 수 있는 최고의 선물입니다. 특히 지친 영혼들일수록 충분히 먹고 쉬지 않고는 세미한

하나님의 음성을 들으려고 하지 않습니다. 조급한 열망이 앞서면 하나님을 만나기도 전에 떠나버립니다. 아래는 라브리에서 공부하고 집으로 돌아가는 청년들이 종종 남기는 말들입니다.

청년 A: "저는 법학을 전공하는 학생입니다. 라브리에서 가서 성경적인 법 정신이 무엇인지 공부했습니다. 그러나 간사님들과 간사님들의 자녀들이랑 마당에 꽃을 심고 화분에 물을 준 것이 제 인생을 바꾸었습니다. 저는 거기에서 참 영성을 배웠거든요. 거룩은 종일 예배드리거나 기도하는 것이 아니라, 죄짓는 것이 아니면 모든 것이 거룩하다는 것을 깨달았습니다."

청년 B: "제 걸음걸이에 신경을 써 주셔서 정말 감사합니다. 예수님은 제 영혼만 아니라 몸에도 관심이 많다는 것을 알게 되었습니다. 그런데 우리 아버지는 늘 영혼만 귀하며, 육신은 아무런 쓸모가 없다고 했거든요. 이제부터 아버지가 믿는 예수님이 아니라 성경에 있는 예수님을 믿겠습니다."

청년 C: "나는 7년간 사귀던 남자 친구와 헤어진 후에, 가슴이 찢어질 듯한 고통 가운데서 더 이상 희망도 행복도 보이지 않아, 매일 죽고 싶은 나날을 보내고 있었습니다. 그때 언니의 소개로 라브리를 찾게 되었습니다. 당시 제 기도 제목은 남자친구보다 하나님을 더 사랑할 수 있게 해달라고 기도를 드렸는데, 지금은 하나님 없이는 살 수 없을 정도로 하나님을 너무나 사모하게 되었습니다."

만고 불별의 진리이지만, 오늘날 청년들에게 필요한 것도 환대입니다. "환대란 우리 안에 다른 사람들이 머물 수 있는 공간을 내어주고 거기서 그들이 번성하도록 도와주는 것이다." 1

2) 매우 사적이고 역동적인 내러티브를 통한 깨달음

하나님께서 헐벗은 아담과 이브에게 가죽옷을 해 입히신 것이나, 아브라함이 천사를 대접한 것이나, 돌아온 탕자를 위해 잔치를 열어준 아버지나, 예수님이 우리를 하나님의 자녀로 초대한 것이나, 크게 보면 모두 환대입니다. 삶 속에서 자연스럽게 이루어지는 영향력을 두고 '내러티브narrative를 통한 학습 효과'라고 이름을 붙이기도 하는 것 같습니다. 이것은 오래전 부터 논의된 것이었습니다.

3) 정직한 질문에 정직한 대답을 들을 수 있는 학교

누구나 믿는 것과 아는 것이 하나가 안 되면 우물 안의 개구리처

---

1 ) 김중철, '불편한 나그네'에 대한 '라브리기독교세계관학교' 상년(www.labri.kr)과 '공익법센터 어필' 안내문을 참고하세요.(www.apil.co.kr)

럼 살기 쉽습니다. 그뿐만 아니라 많은 기독교인들이 잘못된 율법주의와 반지성주의와 이원론적 영성에 빠져서, 복음의 능력과 자유를 모르는 사람들이 많습니다. 특히 교권과 제도로 병든 교회를 열심히 다닐수록 우물 안의 개구리가 되기 쉽습니다. 청년 구도자들에게 필요한 것은 정직한 질문과 대답이 있는 진리의 바다 혹은 열린 기독교세계관 학교입니다.

청년: "먼저 우리는 질문을 바르게 이해할 필요가 있습니다. 섣불리 대답을 주려고 해서는 안 됩니다. 자라나는 어린 세대들이, 진리와 신앙에 대해 끊임없이 질문하도록 하고, 그 안에서 스스로 기독교가 진리임을 확신할 수 있도록 도와주어야 합니다. 왜냐하면 사상의 홍수시대에, 교회는 끊임없는 질문을 받습니다. 특히 성경과 사회 그리고 문화에 대한 다양한 문제들이 교회를 둘러싸고 있습니다. 이런 상황 속에서 '잠잠하고 그냥 믿으시오'라고 하는 태도는, 사람들로 하여금 '기독교에 참되고 믿을 만한 것이 없다'라고 오해하게 만들 수 있습니다. 쉐퍼는 정직한 질문에 정직한 대답을 주어야 한다고 생각합니다. 기독교가 진정 진리라면, 진리와 현대의 사람들이 직면하고 있는 여러 가지 문제에 대해 충분히 해답을 줄 수 있어야 합니다."

4) 연약함과 시련 그리고 좌충우돌을 경험할 수 있는 실험실

찻길에는 '유턴U-turn'이라는 것이 있듯이, 인생길에도 유턴이라는 것이 있습니다. 정신 없이 살아오던 길을 멈추고 되돌아가는 것입니다. 청년들의 특권은 유턴할 기회가 많다는 것입니다. 유턴해야 할 때 하지 않으면, 결국은 한참 돌아가든지 잘못된 길을 계속 가는 수밖에 없습니다. 여러분은 어떤 스타일입니까?

사도행전에는 드라마틱한 두 사람의 인생 유턴에 대한 기록이 있습니다. 한 사람은 나중에 바울 사도가 된 사울의 유턴이고, 다른 한 사람은 로마의 군인인 고넬료의 유턴입니다. 사울은 철저하게 전통 유대주의에 빠졌던 사람이 기독교로 개종했다는 측면에서 중요하며, 고넬료는 로마 군인으로서 유대인이 아닌 이방인이 예수님을 믿었기 때문에 유명합니다. 라브리에는 인생 유턴한 이야기가 많고, 그만큼 서로의 연약함과 시련 그리고 좌충우돌 속에서 하나님을 만납니다.

## 2. 쉐퍼의 재발견

1955년에 스위스 알프스 산에 라브리를 세우고, 제2차 세계대전 후에 방황하는 수많은 구도자들을 전도한 쉐퍼Francis A. Schaeffer는, 너무나 당연하지만 잊혀졌던 진리, '각 사람에게 알맞게 전도해야 한다'는 것을 재발견한 사람입니다. 그는 인간의 '자기정체성自己正

體性, self-identity과 그에 따른 영적 필요'를 다음과 같이 세 가지로 분석한 바가 있습니다.

**1) 인격적인 확실성**: 인격적인 확실성이 상실된 원인은 현대신학과 허무주의이다. 현대신학은 인간을 인간 이하의 동물이나 기계로 취급한 것과 함께 인격을 '환영'으로 전락시켰고, 허무주의는 인간을 '무의미' 속에 가두었다.

**2) 지식적인 통일성**: 지식적인 통일성이 깨진 이유는 진리관에 근본적인 변화가 도래했기 때문인데, 상대주의, 이성에서의 도피, 준거틀reference point 상실 등이 지식의 통일성을 파괴했다.

**3) 도덕적 딜레마**: 도덕적 딜레마는 인간의 죄의 문제이다. 현대 철학에서 도덕적 딜레마의 해결책으로 제시되고 있는 형이상학적, 심리적인 해결 방법은 인간의 딜레마dilemma, 궁지를 더 비참하게 만들 뿐이다. 인간의 본질적인 문제는 창조주 하나님에 대한 죄이다.[2]

이상의 세 가지 정체성에 대한 필요는 모든 인간의 실존적인 필요이며 성경이 말하는 자기 정체성을 상실한 모든 인간들의 요구입

---

2 ) Francis A. Schaeffer, 『기독교와 현대사상』(*The God Who Is There*), 생명의말씀사, 135-178.

니다. 사실 쉐퍼 때나 지금이나 대학생 청년들만 아니라 모든 인간은 감정과 지식 그리고 도덕적 딜레마에 대한 해답을 찾기 위해 배낭을 메고 온 세상을 돌아다니고 있습니다. 우리가 만나야 하는 사람들도 그중에 한 사람이 아닐까요?

그러면 이러한 사람들의 필요에 대한 대답, 즉 변증학적 해답은 무엇일까요? 쉐퍼의 대답은 간단합니다. "내가 20세기 인간을 위하여 일하는 데 열쇠가 하나 있다면 바로 이것입니다. '타락했으나 영광스러운 존재 glorious ruin'라는 것입니다." 즉 "인간은 영광스러운 타락자"라는 것을 근거로, 쉐퍼는 인간의 자기 정체성 요구에 대한 기독교적 대답을 주었습니다. 간단히 정리해 보면 다음과 같습니다.

1) 인격적인 문제에 대한 성경적 대답은 인간은 하나님의 형상자이라는 것이다. 하나님의 형상자라는 사실은 모든 존재의 근본으로 이끌고 가는 것이며, 거기서 인격이란 인간에게 본래적으로 있는 것이다. 성경은 인격적 하나님이 그 자신의 형상을 따라 인간을 창조했기 때문에 이렇게 선언한다. "인격의 원천은 부족함이 없는 하나님 자신이다."[3]

2) 지식의 문제에 대한 대답도 성경을 따르면 모든 지식은 하나님

---

3) 같은 책, 136, 137.

안에서 통일이 된다는 것이다. "언어에 의한 명제라는 형식에 따라 하나님은 자신에 관한 진리와 인간과 역사와 이 세계에 관한 진리를 성경을 통해 말씀하신 것이다."4

3) 도덕적 딜레마에 대한 대답은 크게 두 가지이다.

a) 형이상학적 원인에 의한 설명으로, 인간은 너무나 유한하고 별 볼 일 없는 존재이기 때문에 딜레마를 야기시키는 모든 요인들과 싸울 수가 없고, 해결도 안 된다는 것이다.

b) 도덕적 원인에 의한 설명으로, "하나님 앞에서 참된 도덕적 죄책guilty을 가지고 심리학적 '죄책감 guilt feeling'이 아니라, 그의 아들이신 구주 예수 그리스도에게 스스로를 위탁하면 그는 죽음에서 생명으로, 또한 어두움의 압제로부터 하나님이 사랑하시는 아들의 지배 하로 옮겨지게 된다."두 번째 설명이 성경적인 입장이다.5

쉐퍼에 따르면, 하나님의 형상으로 창조된 인간은 역사 속에서 의미 있는 인간입니다. 모든 인간은 하나님의 계명에 복종하여 하나님을 사랑하는 것을 선택할 수도 있고, 하나님을 반역하는 것을 선택할 수도 있는 인격적인 존재입니다. 인간은 하나님의 계명에 순종하고 하나님을 사랑하는 것을 선택하지 않고는, 자신의 인격적, 지

---

4 ) 같은 책, 143.
5 ) 같은 책, 164.

성적, 도덕적 문제에 대한 대답을 찾을 수 없습니다. 그것은 탈진실 post-truth'시대를 사는 21세기 대학생, 청년들도 마찬가지입니다.

그렇다면 우리도 이런 청년 대학생들의 자기 정체성에 따른 영적 필요에 맞게 복음을 전하는 것은 당연합니다. 그러면 쉐퍼의 이런 경험적, 철학적 발견을 정당화해 줄 수 있는 성경적 근거를 찾을 수 있을까요?

가장 좋은 예는 예수님께서 전도하신 방법입니다. 서기관들이나 바리새인들과 같은 지식인들을 만났을 때는 그들의 질문에 맞는 신학적 대답과 토론을 하셨고, 병자들이나 가난한 사람들을 만났을 때는 먼저 병을 낫게 해 주시거나 필요를 채워주시거나 사랑하셨고, 죄인들이나 불의한 자들을 만났을 때는 회개를 촉구하셨습니다.

그다음에는 바울 사도입니다. 그의 전도 사례는 사도행전과 성경 여러 곳에서 찾아볼 수 있지만, 대표적인 것이 사도행전 16장입니다. 거기에서는 '변증학의 교과서'라 할 수 있을 정도로 여러 모양의 인간들과 구도자들의 유형을 살펴볼 수 있을 뿐만 아니라, 각 유형에 따라 어떻게 전도 방법과 변증 방법이 달라져야 한다는 것을 잘 보여줍니다.

# 6. 팀 켈러의 변증 전도

김선일 교수(웨스트민스터신학대학원대학교)

**복음신학과 복음부흥**

  1. 복음 부흥 = 삶을 변화시키는 복음의 재발견
- 공동체적 복음회복은 신자들이 개인적 복음 회복을 함께 경험하는 것
- 종교(순종함으로 받아들여진다)는 복음(받아들여졌음으로 순종한다)이 아니다.

  2. 종교성으로의 회귀 성향: 시간이 흐를수록 복음의 고유한 본질이
    퇴색될 가능성
- 신자들은 실제 삶에서 성화에 근거해서 칭의를 생각하려 한다.
- 인간 마음의 기본 틀이 공로-의이기 때문에 복음적 갱신과 부흥은 필수적이다.
- 복음에 이끌려 살아가는 사람도 지속적 갱신이 없으면 자연스럽

게 종교로 회귀한다.

**복음과 다양한 형식들**
  1. 복음에 대한 설명
  1) 하나님 나라 복음 -> 공적 이슈 관심자들
  2) 영생의 복음<sub>은혜</sub> -> 소비주의 시대 사람들

  2. 죄에 대한 설명
  1) 종교적 배경자들 -> 도덕적 죄의 개념
  2) 포스트모던 젊은이들 -> 우상숭배로서의 죄

**우상숭배의 문제**
우상: "인정, 기쁨, 가치, 소망, 안정 등을 위해서 그리스도를 바라보는 것 이상으로 더 바라보는 것"(루터)
해법: 옳은 행위를 강요하는 것이 아니라 복음을 마음의 우상에 적용하는 것

  복음 설교자와 상담자는 도덕주의적 행동의 변화를 촉구하기보다, <sub>불안정, 분노, 죄책감, 영적 무감각 초래</sub> 마음에 내재하는 우상들을 지적하고 그리스도의 사역에 초점을 맞춰야 한다.

**현대사회의 우상들**=고장난 사랑, 중독

1. 성의 성품화 〈-〉 언약관계와 충돌
2. 인권 담론: 진화론과 우생학, 약육강식, 우연주의 〈-〉 하나님의 창조와 인간관
3. 문화적 희망의 상실: 삶의 의미와 목표로서의 자아실현 〈-〉 더 큰 이야기가 상실된 삶('하나님 나라 감각')

**문화변증을 위한 적극적/효과적 상황화**

1. 문화 속에 들어가는 것
2. 문화에 맞서는 것
3. 청자에게 호소하는 것

**상황화의 두 가지 과제**

거대한 바위 덩어리의 비유: 1) 구멍을 뚫으라: 문화에 대한 존중과 이해 2) 중심부에서 폭파시켜라: 문화와의 대립, 복음 제시

**문화적 서사**: 한 사회의 사람들이 의식적, 또는 무의식적으로 추구하는 가치와 욕구. 우상숭배의 문제는 바로 이 지점에서 대면하며, 예수 그리스도의 복음이 이러한 문화적 서사를 어떻게 해결하고 성취하느냐가 상황화의 관건이다. 문화적 서사에 건전한 상황화가 이루어지면 사람들은 자신의 인생 이야기가 그리스도 안에서만 해피

엔딩이 됨을 발견한다.

**문화적 서사와 복음의 만남:** 사회의 근간과 희망이 되는 문화적 서사가 예수님 안에서 어떻게 해결되고 성취되는지를 보여준다. 기독교 변증은 이 시대의 문화적 서사들이 안고 있는 주된 결핍을 폭로하여, 그것들이 우리의 도덕적 이상은 물론 인간의 본성이나 우리의 생에 대한 심오한 통찰과도 맞지 않음을 보여주어야 한다. "후기 현대인들은 스트레스와 어려움, 실망, 고난을 느끼는 시기에 기독교적 통찰을 알려주는 이야기나 서사를 보고 기독교를 고려할 수 있는 가능성이 더욱 높아진다." Alan Noble, *Disruptive Witness*

## 탈 기독교세계에서의 전도적 역동성

Attention: 어떻게 복음에 관심을 갖게 할 것인가? 초대교회와 같이 비그리스도인들과 일상에서 선교적 삶을 공유함을 통해

Attraction: 사람들의 대답에 질문을 제기 사람들의 질문에 대답을 제기하는 전통적 변증과 달리 의미, 만족, 정체성, 자유에 대한 그들의 세계관이 현실과 괴리됨을 드러냄

Demonstration: 고통, 지옥, 성경의 신뢰성과 같은 전통적 변증 주제 뿐 아니라 교회를 향한 사회적 비판에 대해서 겸손과 온유함으로 사람들의 반대가 근거하는 전제 신앙적 비약를 명료하게 다뤄야 한다.

Conviction: 복음설명, 나쁜 소식과 좋은 소식

**복음전도 사역(Attention)**

**전교인 복음사역**: "한 세대 전에는 여러 복음 전도 프로그램의 목적이 완벽한 복음 제시를 하게 하는 것이었지만, 실제로 이것을 잘 할 수 있는 평신도들이 단지 소수에 불과했다. 친구에게 다가가는 것은 훨씬 자연스럽다." 『센터처치』, 597

**유기적 복음사역**: 교회 밖에서 이루어지는 사역과의 연계성
**관계적 복음사역**: 이웃의 삶에 참여함 선교적 삶
**성경 중심적 복음사역**: 다른 이들과의 기도나 성경공부
**적극적 복음사역**: 소그룹 모임 등에서 복음을 증언

> "교인 중에서 20-25%가 이러한 복음사역에 참여하면 교회 내에서 강력한 역동성이 생겨서 삶을 세우고 전도하는 교회의 능력이 크게 신장된다." 『센터처치』, 583

**하나님을 가리키는 필요들** Attraction: 고난으로도 사라질 수 없고 상황에 좌우되지 않는 더욱 깊은 인생의 의미들, 공동체와 관계를 단순한 거래로 축소시키지 않는 자유, 우리의 성과나 타인의 배제에 기초하지 않는 견고한 정체성, 쓰라림이나 수치를 느끼지 않고도 죄책감을 다루며 다른 이들을 용서할 수 있는 방식, 우리를 또 다른 억

압자로 만들지 않는 정의를 추구할 수 있는 기반, 미래 뿐 아니라 균형과 평화에서 죽음을 대면할 수 있는 길, 종종 경험하는 초월적 아름다움과 사랑의 감각에 대한 원천적 설명

**자유라는 문화적 서사의 명암**Convictions

**나쁜 소식**: 당신은 자유롭고 싶지만 자유로울 수 없다. 당신은 무언가를 위해서 살아야 하는데, 그것이 무엇이든 당신을 노예화시켜서 다른 이들을 착취하게 할 것이다. 당신이 추구하는 실존적 정의와 정체성은 취약하며 다른 이들을 배제하게 된다. 당신이 추구하는 깊은 만족은 허상이며 이 세상에서 발견될 수 없다. 이 모든 현상의 이유는 당신이 참되신 하나님으로부터 지음 받았고, 당신이 그분을 위하여 살지 못하는 것은 의무와 사랑 모두를 위반하는 것이다.

**좋은 소식**: 십자가에서 예수께서는 섬김으로 권력을 포기하심으로 세상의 권력 질서를 뒤엎으셨다. 그분은 우리가 하나님을 불의하게 거부하고 다른 이들을 남용하는 것에 대해서 대신해서 값을 지불하셨다. 이는 무조건적인 사랑이자 우리의 역량에 근거하지 않은 것이다. 여기서 얻게 된 정체성은 이 세상의 힘이나 물질에 의해서 통제되지 않는 새로운 자유를 선사하며 미래의 깊은 만족과 아름다움을 미리 맛보는 확실한 약속이 된다.

# III. 전환기 대안적 신학의 모색

# 1. 지배신학과 대안신학

오형국 목사(청년신학아카데미 공동대표)

**들어가는 말**

　우리가 개인으로나 교회로서나 신앙의 갱신과 윤리적, 문화적 변화를 추구할 때 경험하게 되는 문제가 있다. 그것은 마음의 자세 attitude를 새롭게 하고, 하나님 중심으로 열심을 내기로 결단해도 해결되지 않는 견고한 정신적 구조가 있다는 사실이다. 이는 신체적 질병의 경우, DNA 변형으로 비정상적 세포복제가 계속되고 있다면 임시방편의 대증요법은 효과를 내지 못하는 것과 같다. 목양과 신앙교육에서 중시되는 격려와 돌봄은 신학이 왜곡되어 있거나 부재할 때 의미를 갖지 못한다. 여기서 신학이란 실질적인 하나님을 아는 지식이다. 즉 보편적으로나 또는 특정 상황에서 하나님은 어떤 분이신가? 이 시대에 예수 믿는다는 것은 어떻게 사는 것인가? 등의 질문에 대한 답변이다.

또한 신앙관 형성에서 신학은 논리와 개념적 사고만이 아니라 기질과 성향ethos의 차원에도 작용한다. 부흥회나 대형 기도회 현장에서 열정적인 찬양이나 정서를 자극하는 감각적 메시지가 대단한 영적 성취를 이루어내는 것 같지만 행사의 열기가 가라앉고 보면 "될 것 같았지만 안 되는 일"이었음을 깨닫곤 한다. 하지만 이미 고착된 기질적 성향은 같은 시도를 반복하게 한다. 신학적 사고구조mentality를 재형성하지 않고서는 개인이나 교회가 시대변화에 적응하며 갱신하는 것이 불가능하다.

청년신학아카데미는 한국교회 청년부 사역이 시대의 영적 필요에 부응할 수 있도록 신학적 의제 제시와 담론 형성을 목적으로 출발하였다. 어떤 신학적 담론이 한 세대의 지성구조 속에 내재화되기 위해서는 그것을 신학과 인문사회 학문의 다각적 관점으로 접근할 수 있어야 하며, 무엇보다 새로운 사고를 가로막는 기존의 지배신학을 비평할 수 있는 힘을 필요로 한다. 우리 시대 기독청년들의 신앙의식과 신학적 사고의 갱신 과제가 무엇인가를 살피고 그 대안을 찾아보고자 한다. 본 과정의 서론적 강의이므로 간략한 요점만을 제시하여 토의의 출발점으로 삼으려 한다.

## 1. 신학이란 무엇인가?

신학의 변화를 추구하기 위해서 먼저 신학의 개념, 구성요소들을 올바로 이해할 필요가 있다. 신학이라는 용어를 사용하면서 서로 엉뚱하게 다른 생각을 갖고 있는 것을 흔히 볼 수 있다. 대표적인 현상이 "목회는 신학으로 하는 것이 아니다"라는 말이 횡행하는 것이다. 다른 사람도 아닌 신학교를 졸업한 목사들 중 상당수가 이런 주장에 동의하고 있다는 사실 자체가 기존의 제도권 신학과 신학교육이 혁신적으로 바뀌어야 한다는 것을 의미한다.

### 1) 신학의 정의

실천적인 신학을 추구하는 청년신학아카데미에서는 신학의 개념을 정교한 명제로 구성하기 보다는 다음과 같이 접근하고자 한다. 우선 신학과 경건의 관계를 중심으로 두 가지 질문을 던져 본다.

a) 무지는 경건의 어머니인가?
b) 무지한 자는 결코 경건해질 수 없다.

전자는 교회의 민간 속설로서 풍자적인 의미를 담고 있으며, 후자는 3세기 교부 오리게네스의 주장으로서 올바른 이해없는 감성적, 외면적 경건의 허구성을 비판하는 가르침이다. 개종사역과 성장주의에 몰입했던 20C 세계선교의 피상성을 '폭 1마일에 깊이 1인치의 강'이라고 풍자하는 시대에 우리는 오리게네스의 말을 경청할 필요가 있다고 본다. 두 번째로, 신학의 개념화만이 아니라 신학함doing theology의 목적과 과정의 중요성이다. 신학함이란 "복음을 주변 문화에 적응시키는 작업"이라고 할 수 있다.1 이는 과거의 문화와 언어로 표현된 복음을 당대의 언어와 학문, 문화코드, 세계관으로써 당대인들이 이해할 수 있도록 설명하는 작업을 신학이 수행해야 한다는 의미이다. 2차대전 후 라브리 사역을 통해 유럽 청년들에게 복음을 전한 프란시스 쉐퍼의 문화변증 전도사역은 청년들로부터 "복음을 이렇게 표현해 주는 사람은 처음이다!"라는 반응을 얻었다.

각 시대마다 새롭게 제시되는 신학은 그 시대 사람들의 질문에 대해 교회가 당대의 지성구조에 맞는 방식으로 응답하고자 구성한 복음의 표현양식이다. 얼마 전까지도 이런 입장은 정통신학을 거의 계시 수준의 불변의 진리로 여겨온 보수적 신학교에서는 생소한 가르침이었다. 수 년전 신약학자 김세윤 교수가 칭의론은 16세기에 제시된 복음의 표현양식의 하나 a formula라고 했을 때 많은 신학도들이 참신하게 또는 충격적으로 들었다. 이는 종래 한국교회의 신학교육이 기존의 신학을 기계적으로 반복하고 전승하는 낙후한 수준에 머물러 왔음을 보여준다. 신학 또는 신학함에 대한 이해의 방식을 돕기 위해 다른 학문, 역사학의 예를 참고로 할 수 있다. 유명한 E. H. 카의 『역사란 무엇인가』에서 역사는 "현재와 과거의 대화"라는 개

---

1 ) John Yoder, "Thinking Theologically from a Free Church Perspective", in *Doing Theology in Today's World*, ed., J. Woodbridge and T. E. McComiskey(zondervan, 1991), p.251.

념이 소개되기 전까지 역사서가 시대마다 새로 쓰여진다고 하면 놀라는 경우가 많았다. 그러나 이제는 상식 아닌가?

### 2) 신학은 교리인가?

신학을 교리doctrine와 동일시하는 사람들이 많다. 그러나 신학은 교리만으로 구성되는 것이 아니다. 교리와 지성구조mentality로 구성된다고 해야 할 것이다. 지성구조는 정신적 자세, 의식구조, 사고방식 등의 용어로 표현된다. 여기서 교리와 교조주의, 명제와 내러티브 등 몇 가지 개념 정리가 필요하다.

### 3) 교리와 교조주의(dogmatism)

교리doctrine란 체계화된 종교의 본질적 가르침을 개념화conceptualization한 것으로서 주로 명제언어내러티브의 반대 형식로 서술된다. 교리로만 기독교 복음을 이해하고 신학을 구성하려고 할 때 교조주의dogmatism에 빠지기 쉽다. 교조주의란 특정한 종교나 사상의 경전 또는 권위적 문헌을 해석함에서 정태적이고 도식적인 사고에 빠져 역사문화적 맥락의 변화를 고려치 못하여 기계적인 해석과 적용에 몰입하는 것을 뜻한다.

원래 철학에서 교조주의라는 말은 원래 경험을 배제하고 이성적 추론으로만 사고하는 이들을 향한 비판이었다.Kant 경험은 현실reality의 다맥락을 인식할 수 있으나 이론적 사고는 모형과 도식의 틀에 매이기 쉽다.

### 4) 명제와 내러티브

명제proposition란 개념들을 논리적으로 연결시켜 구성한 문장으로서 사상을 명료하고 압축적으로 표현하는 장점을 갖지만 추상적 관념어를 사용하게 되므로 문장을 언어적으로 독해할지라도 실질적 의미를 파악하지 못하는 예가 많다. 내러티브narrative는 이야기story와 거의 동의어로 쓰이듯이 인물과 사건, 행동과 상황, 시간과 공간의 현장이 드러나는 경험적 언어로 서술되는 문장이다. 명제언어의 추상성과 모호성에 빠지지 않고 연역적 논리의 도식화를 넘어서기 위하여 선호된다. 1990년대부터 새로운 신학의 언어로 각광받았다. 내러티브 신학 역시 현상의 겉모습을 묘사하고 일상의 경험에만 몰입하는 피상성과 일상성을 넘어서야 한다는 과제가 있다.

## 2. 한국교회 청년신앙의 특징과 과제

〈문명전환기의 청년사역을 위한 대안신학의 모색〉청년신학아카데미 백서1, 2022의 서두에서 밝히고 있는 대로 현재 청년세대의 신앙관을 강건하게 세우기 위해서는 다음과 같은 경향성을 극복해야 한다고 본다.

1) 감성주의 - 찬양과 율동 등 감정적 요소가 과잉 또는 불균형하

게 강조됨으로써 지정의의 전인격적 신앙을 형성하지 못한다. 이는 또한 교회성장을 위한 부흥주의의 수단으로 활용되는 것이 사실이다. 단순한 감정적 부흥은 청년기 이후 평생의 신앙여정을 위한 로드맵과 길고 힘든 노정을 견뎌낼 정신적 근육을 만들어 주지 못한다. 세상 속의 신앙생활을 위한 지속적인 신앙훈련없이 단순한 열정만으로 달려나가도록 부추길 때 탈진의 함정에 빠지기 쉽다.

### 2) 반지성주의

신앙의 의미와 이치를 지성적으로 이해할 필요성을 인식하지 못하거나 때로는 거부하는 정신적 습관이며 성향이다. 단지 학교교육의 경력학벌이 낮은 것을 가리키는 것이 아니다. 그것은 반지성주의에 대한 큰 오해이다. 반지성주의는 지식의 양이 부족한 데서 나오는 것이 아니다. 반지성주의는 중세 스콜라 신학과 같이 영육간의 삶의 실질적 필요와 상관없는 종교적 호기심에 몰두하며 이웃과 세계에 대한 사회적 감수성공감대을 결여한 정신상태에 기인한다. 반지성주의 공동체에서는 신학무용론이 지배적이다. "성경에 다 있습니다. 세상 학문은 불필요합니다!"라는 말이 상투어가 되어 있다. 일반은총의 존재는 인정하나 내용에는 무관심하다. 그런데 이러한 영육 이원론적 극단론은 교회역사상 어느 시대에나 있었고 성숙한 지성적 경건docta pietas에 의해 극복되어 왔다. 17C 청교도 교육개혁가들은 "성경에 모든 진리가 담겨있다는 말은 맞다. 그러나 밭에 묻힌

보화와 같이 숨겨져 있는 창조세계의 진리들을 캐어내기 위하여 다양한 일반 학문들이 필요하다"고 개방적인 인문교육을 추진하였다. 이 문제와 관련하여 기억할 금언이 있다. "사탄이 가장 싫어하는 것은 우리의 지성이 하나님께 순종하는 것이다".E. Gilson, "Academic Service for Christ, the King"

### 3) 개인주의와 사사화(私事化, privatization)

근대 서구의 개인주의는 전체주의와 권위주의로부터의 해방을 이끌어 낸 위대한 자유의 이념이었다. 첫 번째 시민혁명인 17세기 영국의 퓨리턴 혁명은 신앙과 양심의 자유, 신념의 자유를 낳았고 이에 의거하여 인류는 인간의 존엄성을 각성하며 인권사상을 수립했고 모두가 함께 자유해야 한다는 만민평등의 이상을 추구하게 되었다. 그러나 이 개인의 자유가 소유적 개인주의possesive individualism로 진화하면서 개인주의는 강자의 제한 없는 자유를 옹호하며 공동선을 해치는 이익추구마저 정당화하는 세속적, 물신적 자유의 명분이 되고 말았다. 이것은 또한 사적 생활영역을 넘어선 역사현실과 공적 영역의 문제에 대해서는 무관심한 사사화의 탈역사성으로 이어진다.

### 4) 탈가치적 신앙

종교적 신앙의 가르침에는 교의와 윤리의 두 차원이 있다. 이 구조는 바울 서신이 잘 보여준다. 먼저 교의적 가르침을 제시하고 후반부는 삶의 윤리적 지침, 즉 '그러므로 어떻게 살아야 할 것인가'를 교훈한다. cf. 로마서 1-11장과 12장 이하의 구분 자유주의 신학사조에 대항하여 정통교리의 파수에 몰입하는 근본주의나 개인 차원의 구령 전도를 최우선으로 강조하며 개종주의와 성장주의를 추구하는 대중 복음주의 등의 경향에서는 인간과 세계의 현실 속에서 기독교적 가치를 분별하고 모색하는 사역에 극히 소홀함을 볼 수 있다.

그리스도를 영접하는 회심의 첫 단계와 개인적 삶에서 경건의 자세를 추구하지만 신앙의 의미를 사적 영역에 국한시킴으로써 역사 현실 속에서 하나님의 통치와 하나님 나라의 가치에 대해서는 분별력을 개발하지 못한다. 예를 들어, 권력자의 독재정치나 부정부패에 관하여도 "우리 교회 다니고 예배드리는 것 막지 않으면 됐지"라든가, 이웃과 공동체에 악한 행위를 일삼는 자일지라도 예배와 종교행사에 참여하고 있다면 신앙인으로 인정하는데 아무 문제의식을 느끼지 못하는 경우이다.

이는 신앙의 본질을 하나님의 성품을 닮아가고, 그 뜻을 실천하는 것으로 이해하기보다 외형적 제도에 소속하고 제의에 참여하는 것으로 간주하기 때문이다. 이러한 신앙관의 원천은 하나님의 통치와 구원을 영육 이원론으로 이해하기 때문이며 그 결과 은혜 교리인이신칭의를 도덕률 폐기론으로 오해하게 만든다. 그러한 교회환경 속에서는 반지성주의가 조장되며 교인들은 양심과 도덕적 감수성을 개발하지 못하게 된다.

    cf. 미국 노예제 폐지운동 시기 남부 교회의 노예제도 지지
        남아공 교회의 아파르트헤이트Apartheid에 대한 지지

### 3. 대안신학의 역사적 사례

대안신학, 또는 신학적 대안모색에 대한 효과적인 이해를 위하여 모든 시대의 신학은 자기 시대의 새로운 영적 필요와 도전에 응답하기 이하여 기존의 신학적 이론이나 접근방법을 대체하는 대안적 신학이었다는 사실을 살펴본다.

 1) 예수의 하나님 나라 신학

나사렛 예수가 선포한 하나님 나라의 메시지는 기존의 지배신학인 바리새파의 외형적 율법주의와 제의적 신학을 타파하는 것이었다. 예수께서 바리새파 신학의 중심인 안식일 계명의 제의적 해석과 부딪치는 모습은 복음서의 도처에 나타난다.

a. 맘몬에의 저항도 약한 자를 위한 긍휼도 없는 바리새적 율법주의에 도전하신 나사렛 예수(마 9:13)

b. 율법의 외면적 준수가 아닌 회심과 거듭남, 이웃 사랑과 하나님 사랑의 이중 계명을 실천함으로써 하나님, 형상이 살아나게 하는

구원 개념(눅 10:26)

### 2) 16C 종교개혁시대 루터의 '이신칭의'

이신칭의 교리는 지금은 전통신학의 상징이며 그것의 사사화된 축소지향적 해석은 비판받고 있으나, 종교개혁 초기에는 서유럽의 모든 교회를 지배하던 교황청의 공로신학에 대항하여 '은총에 의한 구원'을 신학화한 루터의 대안 신학이었다.

### 3) 칼뱅의 『기독교 강요』(1536)가 제시한 '이중 신지식론'(duplex cognitio Dei)

교황의 권위를 올바른 인식의 근거로 주장하는 중세 카톨릭의 스콜라 신학에 대항하여 '하나님을 아는 지식'과 '인간 자신self을 아는 지식'의 복합인 '이중 신지식론'two-fold knowledge of God으로서 대안적 개혁신학의 토대를 제시함.

### 4) 웨스트민스터 신앙고백(1648)

청교도 혁명기1643-48에 영국의 교회와 사회를 교황과 왕당파의 지배로부터 벗어나게 하기 위한 청교도의 대안적 신학작업의 소산이다.

### 5) 슈페너의 『거룩한 소원 *Pia Desideria*』(1675)과 독일 경건주의 운

동

17세기 30년 전쟁1618-1648 후 루터교 정통주의가 칭의론을 중심으로 관념화된 상황에서 슈페너는 중생을 신앙 체계의 중심에 놓으며 바른 교리에 대한 지적 동의에 그치지 않는 경험적이고 실제적인 신앙의 삶을 강조하며 경건주의 운동pietismus을 출발시켰다. 제2의 종교개혁으로 평가된다.

6) G. 글뢰게의 '축소지향적 칭의론' 비판

1963년 세계루터란 대회에서 글뢰게는 축소지향적으로 변형된 칭의론의 회복을 주창하는 "세상을 위한 은혜"를 발표하였다. 하나님의 의와 은혜의 적용 범위가 개인 내면이 아니라 모든 창조세계이며 이는 주기도문의 정신이다.

- 나사렛 선언은 희년 정신의 해방 모티브이다.
- 이신칭의는 복음의 유일한 표현양식은 아니다. a formula
- 하나님 형상Imago Dei의 회복으로 표현되는 구원교리눅 10:26; 행 5

7) 라인홀드 니버의 『도덕적 인간 비도덕적 사회』(1932)

사회악을 해결하기 위해서는 사회구성원 개개인을 전도하면 된다는 교회의 인습적 사회관에 대한 대안적 통찰이다. 그는 개인과 집단의 행동양태를 분석하고 사회적 정의를 수립하기 위한 방안을 제시한다. 즉 '개인적으로는 도덕적인 사람들도 사회 내의 어느 집단에 속하면 집단적 이기주의자로 변한다'는 것이다.

종교적 자유주의 운동과 세속적 자유주의 운동 둘 다 개인의 도덕성과 집단의 도덕성 간의 기본적인 차이를 모르고 있다. 이러한 무지 때문에 오늘날 횡행하고 있는 정치적 질서에 대한 개인주의적, 도덕주의적 접근방법들은 모두 비판받아야 한다.

### 8) 짐 월리스(Jim Wallis), 『회심』(1981)

복음주의 전통을 견지하는 대안적 신학의 가능성을 보여준다. 그는 자신을 "20세기에 태어난 19세기 복음주의자"라고 칭하면서 자신의 진보적 입장이 복음주의 전통에서 벗어났다는 주장에 대하여 반론을 반박하고, '-으로부터의 U턴'으로서의 회심만을 강조하는 전통적 회심론에 대하여 '을 향한' 회심으로의 전환을 주장한다.
- 짐 월리스와 알버트 몰러의 트리니티 토론회(Trinity Debate): 사회적 참여와 실천은 기독교 신앙의 가르침이지만 '복음의 본질은 아니다'라는 몰러의 주장을 월리스는 비성서적 이분법이라고 논박한다.

### 9) 로잔 언약(1974)의 대안적 선교개념

로잔1에서 존 스토트와 르네 빠디야 등 남미 복음주의자들, 로날드 사이더와 하비 칸 등 미국의 진보적 복음주의자들은 전도우선론

priority of evangelism에서 총체적 선교integral mission로 선교개념의 전환을 주장한다. 전도우선론에서의 전도는 언어적 선포에 의한 전도를 의미한다.

2010년 로잔3 케이프타운 대회에서는 크리스 라이트가 우선성을 궁극성 또는 중심성 개념으로 바꿀 것을 제안한다.

10) 카이로스 문서(1985)

남아프리카 공화국의 아파르트헤이트인종차별 체제에 관련하여 인종주의racism을 정당화하는 신학은 이단임을 규정한다.

## 4. 대안 신학의 모색을 위한 신학의 구성요소 이해

그러면 신앙관을 형성하고 신앙적 판단과정의 기준으로 작용하는 지배신학을 변화시키기 위해서는 무엇이 필요한가?

### 1) 신학의 구성요소는 교리와 지성구조

신학의 변화를 도모하기 위해서는 먼저 신학이 무엇으로 구성되는가를 바로 이해할 필요가 있다. 많은 경우 신학을 교리와 동일시하기 때문에 대안적 신학을 모색한다고 하면 기존에 정통으로 인정되던 교리doctrine를 버리는 것으로 생각한다. 예를 들면, 19-20세기에 자유주의 신학을 배격하고 보수주의 신학성서의 무오성, 그리스도의 성육신과 부활, 동정녀 탄생, 십자가의 속죄, 종말과 그리스도의 재림 등의 교리를 파수하기 위해서 모든 힘을 기울여온 근본주의 및 복음주의 진영에 속한 사람들은 대안신학이라고 하면 정통 교리가 아닌 자유주의 신학을 주장하는 것으로 생각하며 경계한다. 그러나 대안신학 작업은 우리의 신학함doing theology을 갱신하는 것이 목적이지 정통교리 자체를 부정하려는 것은 아니다. 신학함, 신학적 사고의 성숙과 갱신을 위해서는 신학이 무엇으로 구성되며, 신학적 사고의 변화는 어떤 과정을 통해 가능한가를 파악해야 한다.

2) 지성구조를 이루는 당대의 문화 학문은 신학형성을 위한 지적 용매

간략히 말하면 교리와 지성구조가 결합하여 하나의 신학사상을 형성한다고 말할 수 있다. 이 양자의 관계는 용액이 만들어질 때, 용질과 용매와 같은 것이다. 아무리 고퀄리티의 용질solute이 있어도 그것을 녹여서 담아내는 용매solvent가 있어야 용액이 형성되고 전달흡수 될 수 있다. 생리 식염수 주사액을 만들 때 순수한 $H_2O$가 필요하고, 웅담 먹을 때 소주에 녹여야만 먹을 수 있는 것과 같다. 비유를 더하자면 탄두와 로켓이 갖추어져야 장거리 미사일이 가능한 것과 같다.

신학에서 교리적 개념이 용질이라면 그것을 구성하고 표현하는 지적 용매의 역할을 하는 것은 인식론과 수사학 등의 인문사회 학문이다. 인식론이란 앎을 얻는 과정과 방법에 관한 이론이다. 사고의

틀mind set이 미비한 경우 역지사지도 어렵고, 길항작용도 이해하지 못한다. 예를 들어 영과 육, 교회와 사회, 예배와 노동 등을 두 개의 분리된 영역으로 간주하는 이원론과 양자택일의 사고 등 대립의 복합complexio oppositorum, 창 45을 이해하지 못하는 단선적 사고는 교회를 역기능에 빠지게 하는 교조적 신학을 낳을 뿐이다. 플라톤이 아카데미의 문門에 기하학을 모르는 자는 들어오지 말라고 써붙인 이유 역시 철학적 사고가 입체적, 다맥락적 사고를 요하기 때문일 것이다.

### 5. 칼뱅 신학의 중심 사상과 지성구조 : 무엇이 특성을 결정하는가?

동일한 교리를 신봉한다 할지라도 지성구조의 차이는 신학의 특성을 크게 달라지게 한다. 칼뱅의 신학은 이 점에 관한 대단히 중요하고 효과적인 사례가 된다. 급진적 신본주의radical theo-centricism를 특징으로 하는 칼빈주의 전통은 어떻게 고도의 문화상관성high cultural relevance을 확보하여 로마 가톨릭, 루터파, 재세례파 등과 달리 서구의 근대문명을 형성하는 역사의 형성력historical force이 되었는가?

1) 칼뱅 신학의 중심 사상(main idea)

a. 경건의 자세(attitude)

롬 11장의 장엄한 하나님 주권 선언이 보여주듯이 칼뱅주의 신앙은 철저한 신본주의이다. 경건이 엄격하고 추상같다는 얘기를 많이 한다. 대개 '자세'에 관한 언급들로서 신학의 내용이기 보다는 전제이다. 오순절이나 감리교나 어느 신학전통에서도 하나님의 은혜를 받고 예수 잘 믿는 사람들은 모두 하나님 앞에서 개인적 경건에 철저하다. 새벽기도에 철저한 자들은 장로교에만 있는 것이 아니다. 그러나 자세attitude가 사상idea을 대체할 수 있는 것은 아니다. 마치 제식훈련과 정신교육이 전투력의 척도가 되지 않는 것과 방불하다 할 것이다.

### b. 칼뱅 교리의 균형잡힌 이해

하나님 주권 사상- 신학의 내용content 이전의 전제presupposition

예정론 - 구원 교리의 일부분으로서 칼뱅신학의 중심은 아니다.

성령론 - 말씀과 성령의 연합인 조명 교리가 더욱 부각되어야 한다.

기독론 - 그리스도와의 연합 교리의 중요성

### c. 인식론

칼뱅의 신학의 특징은 한두 가지 특정 교리에 있는 것이 아니라 여러 교리들을 엮어내는 구성원리에 있다. 『기독교 강요』의 교리들 중 어느 한두 가지를 중심교리라고 지목하기 보다는 신학방법론에서 다른 신학자들과 구별되는 특징을 찾아야 한다. 세계 칼뱅학회는 칼뱅의 신학의 특성을 가능케 한 요인이 교리보다는 신학적 인식론에서 찾아야 한다는데 합의한 바 있다. 칼뱅의 인식론은 이중 신지식론이다. 인식이란 앎knowing이다. 인식방법에 대한 반성이 요구되는 르네상스 시대에는 신학의 질문이 달라진다. What is God?에서 How can we know God?으로. 보이지 않는 하나님을 어떻게 알 수 있는가? 하나님을 아는 지식을 어떻게 얻는가? 신앙의 성숙을 어떻게 분별하는가?는 질문으로의 변화다.

『기독교 강요』의 첫 번째 논제는 조직신학의 서론prolegomena인 계시관에 해당한다, 계시란 무엇이며 어떻게 우리가 계시를 인식하는가이다. 칼뱅은 『기독교 강요』를 1536-1559년까지 계속 증보한다. 그러나 부동의 서론1.1.1이 있다. 거룩한 지혜는 두 개의 지식으로 구성된다. 하나는 하나님을 아는 지식이고 다른 하나는 인간 자신을 아는 지식이다. 이 두 개의 지식은 여러 겹으로 결합되어 있어서 분리될 수 없다는 것에는 변함이 없다. 이중 신지식론의 효과는 창조신학, 일반은총, 지성의 회심, 삶의 제 영역에서의 그리스도의 주되심, 시민적 제자도 등이다.

### 2) 칼뱅 신학의 영역별 특성

**정치**: 시민적 민주주의 - 폭군의 전제정치를 거부
　　예) 17C 영국의 청교도 혁명, 화란의 독립혁명 등
**경제**: 합리적 자본주의 - 금욕과 합리성에 의한 효율적 경제

예) 산업대부와 생활대부로서 이자 문제 해결.

문화: 학문과 고등교육 – 창조질서와 일반은총. 삶의 모든 영역에서 그리스도의 주권과 하나님의 통치

## 6. 복음과 선교지 토착문화의 만남: 대안적 문화의 창출

- 게르만의 상무정신과 복음이 만나서 창출된 중세의 기사도
- 우찌무라의 사무라이 기독교
- 김교신의 조선산 기독교

\* 한국의 선비정신과 예수 복음의 융합을 가능케 할 결합모드는 무엇일까?

## 2. 짐 월리스의 총체적 제자도


문지웅 목사(청년신학아카데미 공동대표)


### 절박함이 없는 시대

지금 교회나 캠퍼스 사역이나 선교운동을 보면 '피리를 불어도 울지 않는' 시대 같다. 더 이상 뻘짓을 하지 않으려면 모라토리엄을 선언하고 자숙自肅과 성찰의 충분한 시간을 갖는 것이 간절한 시대의 요청이 아닐까 생각한다. 코로나는 이런 심각한 질문을 던졌는데, 사람은 만물보다 부패하고 변하지 않기로 유명하니, 최근의 표심을 보면 민의民意가 천심天心이 아님을 극명하게 나타났고 물신物神의 탐욕 군群에서 교회가 선구자 역할을 했으니 이제 한국사회에서 기독교와 교회는 어디에 서야 할지 심란하기 짝이 없다. 그래도 삼위 하나님의 임재로 탄생한 것이 교회라면, 어둠의 때요 등을 돌리신 시간이라 할지라도 다시 하나님을 오시게 하는 그루터기들의 기도와 절박한 소망의 인내로 울며 다시 씨를 뿌리는 수밖에 없다.

## 1. 축소된 회심에서 온전한 회심으로

**부분이 전체로 둔갑**

회심은 구체적인 시간과 공간 속에서 일어난다. 회심은 오늘날 그리스도께 속한다는 것이 무엇을 의미하는지에 대한 답을 찾는 여정이다. 교회는 역사로부터 떨어져 나온 신앙 때문에 관념과 추상의 언어들로 난무하고 현실 상관성 없는 '말의 죽음'으로 난처한 상황에 놓였다. 회심은 역사와 무관하게 영혼만을 구하는 것이 아니라, 하나님 나라를 그 폭발적인 힘과 함께 세상으로 가져온다. 현대의 회심은 우리를 예수의 삶에 접붙이는 것이 아니라, 예수를 우리의 삶에 접붙인다.[1] 회심을 개인적 구원으로만 축소하면 공권력이나 제도들 속에 흐르는 죄를 지적하기 어렵다. 자아실현을 도와주는 사사화된 복음은 자기애적인 회심을 낳고 세상성에 대한 순응으로 나타난다.

회심을 개인구원의 문제로만 축소하면 교회는 사람들을 천당 잘 갈 수 있도록 돕는 정거장 역할만 하면 된다. '이런 교회' 밖에는 구원이 없기 때문에 교회당에 되도록 자주 오게 하고 프로그램을 돌려서 교회에 붙어있게 해야 한다. 성속聖俗 이원론으로 갈라치고 교회의 일, 교회가 결정한 일이 우선순위를 갖도록 하는 일명 '교회봉사', '교회일군', '교회충성' 등의 언어들이 홍보되고 유통된다.

---

1 ) 짐 월리스, 『회심』, 정모세 옮김, IVP, 2014, 59.

### 땅에 뿌리내린 회심

온전한 회심은 하나님 나라에 충성을 바치는 것, 자신의 삶을 아무 미련 없이 예수 그리스도 께 바치는 것이거나 예수의 새로운 질서에 가담하려고 새로운 공동체의 친교코이노니아 속으로 들어가는 것이다.2 따라서 회심을 영혼구원이라고 표현하는 것보다 그리스도의 도道, the Way를 따르며 특정한 삶의 방식을 갖는 것으로 말하는 것이 좋다.막 3:31-35 온전한 회심은 예수를 따르는 것이며 예수와 삶을 나누고 다른 사람과도 그 삶을 나누려는 것이다. 회심을 '영혼이 구원받았다'는 것으로 굳이 표현한다면, 아담의 실존인 자기중심적 욕망에서 출애굽 하여 성령의 새로움 안에서 '걸어 다니는 하나님 나라'이신 예수를 우리의 삶에 접붙이는 것이다.

참된 회심의 증거는 가난과 빈곤에 대한 관점을 보면 알 수 있다. 하나님은 인격으로서 가난한 자들을 사랑하시지만 구조화된 계층으로서 부자들에 반대하고 가난한 자들의 편에 선다.3 사도행전에서 성령은 새로운 사고방식과 새로운 생활방식을 제정했고, 그리스도인들 사이에 새로운 경제를 만들었다. 경제적 측면은 코이노니아의 문제였고, 서로의 삶을 경제적으로 나누지 않고서는 결코 영적인 교제도 생각할 수 없었다.4 바울은 영적인 하나됨과 경제적 평등을 뗄

---

2 ) 짐 월리스, 『회심』, 51
3 ) 짐 월리스, 앞의 책, 108. 마태복음 25장, 마가복음 10:17-22 참조.
4 ) 짐 월리스, 앞의 책, 114~115. 사도행전 2:43-47; 4:32-35 참조.

수 없는 관계로 본다. 형제자매들이 궁핍한 상태에 있는데 부를 축적하는 것은 교회의 삶에서 부적절한 죄성의 모습이다.고린도후서 8장을 보라

부자들이 회심할 수 있는 길은 가난한 자들을 향해 경제적 나눔을 통해 가능하다. 코이노니아경제적 나눔, sharing는 하나님께서 자신의 백성들에게 의도한 삶의 방식이며. 우리의 돈과 소유를 서로서로 가난한 자들과 나누는 것을 포함한다. 부유한 그리스도인은 '가난한 자들의 이야기를 들을 수 있는 자리'에서 회심의 시간이 주어질 것이다. 만일 우리가 축적과 풍요에 빠진 교회나 낭비에 허덕이는 교회를 보았다면 우상숭배에 빠진 교회를 목격한 것이다.5 우리 시대의 새로운 회심으로의 부르심은 신앙으로의 부르심이고, '가난을 과거 역사 속의 일로 만드는 것'Make Poverty History에 대한 헌신으로의 부르심이다.6

코로나 이후 교회의 모습은 건물과 제의ritual 중심에서 '회심한 자들의 코이노니아'communio sanctorum로 수렴될 것이다. 온전한 회심은

---

5 ) 짐 월리스, 앞의 책, 119. 짐 월리스는 미국 부흥운동의 핵심 인물인 찰스 피니를 인용하여 "목사들과 교회가 인권에 관한 질문에 잘못된 입장을 취할 때 부흥은 지체된다"고 했고, 교회가 노예제도 문제와 관련하여 분명한 목소리를 내지 않을 때 "교회는 위증하는 것이고, 하나님의 성령이 교회를 떠난다"는 피니의 설교를 통해 노예제도가 영적인 문제라는 점을 강조한다.(앞의 책, 121~122)
6 ) 짐 월리스, 앞의 책, 126.

우리가 누구이며 어디로 가고 있는지 성찰을 통해 새로운 시선으로 교회의 새로운 시작을 촉진할 것이다. 교회가 외형과 피상적인 신앙에서 벗어나 예수를 따르려는 회심으로 나아가기 위해 의심과 해체의 해석학으로 온전케 하는 믿음 형성을 몸부림쳐야 한다. 공동체로서 교회는 회심을 역사 속에서 눈으로 볼 수 있게 만들며, 옛 질서의 안정성에서 벗어나 하나님 나라 복음의 새로운 삶의 방식으로 살아가도록 돕는다. 공동체는 사랑의 두 가지 특징인 '용서와 겸손한 마음'을 서로 배울 때 고통과 고난으로 가득 찬 세상에 용서와 사랑을 공급한다.7

교회는 비전과 양육, 예언자적 삶과 목회적 삶의 긴장 속에서 균형과 조화를 만들어간다. 양육 없이 비전만 따라가다가는 곧 탈진할 것이고, 비전이 없다면 교회는 스스로에 몰두한 채 계속 빙빙 돌기만 할 것이다. '비전 속에서 양육'되지 않는다면 온전한 사랑을 이룰 수 없다.8 온전한 회심을 경험하는 교회라면 하나님 나라 복음으로 살려고 할 것이며 기존의 경제 체제와 다른 방식을 모색하며 정치적으로는 '영원한 야당'이 되어야 한다.

---

7) 짐 월리스, 앞의 책, 183. 요한일서 3:17-18 참조.
8) 짐 월리스, 앞의 책, 190~191.

## 2. 하나님의 정치

### 하나님 나라의 사회적 비전

정치가 구태의연하여 시민들을 이롭게 하는 일에 실패하고 특권적 소수만이 부와 행복을 독식하게 하는 일이 많다. 낡은 정치가 횡행하는 시대이지만 서로를 살리고相生 모두를 위해 생각하며 행동하는 정치는 없을까? 탈진실과 가짜뉴스가 판을 치며 자기주장만 하는 악성정치를 뛰어넘어 가치에 기반을 둔 정책제안의 정치로 한 단계 진보하려면 어떻게 해야 하는가?

소시오패스 수준으로 전락한 교회의 왜곡된 상태로부터 탈출하려면 예언자적 신앙에서 나오는 사회적 비전이 필요하다. 비전은 가치에서 나오며 좋은 사회를 향한 정치적 질문이다. 가치 없는 정치에 대한 반발로 분열과 혐오의 정치가 똬리를 튼다. 하나님과 우리의 관계는 개인적이지만personal 사적이지는private 않다.9) 하나님은 모두가 자유롭게 살기를 원하는 공익公益의 신이며, 천하위공天下爲公을 지지하는 분이다. 따라서 공공公共이신 하나님을 부인하는 것은 성경적 신앙을 부인하는 것과 같다.

불의에 저항하는 것도 필요하지만 대안을 제시하는 것이 더 좋

---

9) 짐 월리스, 『하나님의 정치』, 정성묵 옮김, 청림, 2008, 23.

다.10 저항하는 자들은 희망을 얘기해야 한다. 굴이 없어진 가난한 청년들에게 공적 자원과 사적 자원을 투입하고 결혼하고 출산할 수 있는 사회 안전망을 강화하지 않으면 불평등과 양극화는 해결할 수 없다. 위험사회risk society란 무분별한 물질주의, 탐욕을 부추기는 문화, 사회적 건강보다 단기 수익을 중시하는 그릇된 기준, 인간의 가치를 인격과 정직과 베풂이 아니라 소득으로 판단하는 물신物神사회의 왜곡된 풍토다.11

기독교는 개인의 소유권과 사적 재산을 인정하지만 부와 재산에 대한 절대적 소유권에 도덕적 한계를 둔다. 우리는 홀로 존재하는 개인이 아니라 공동체 안에 함께 존재하기 때문이다. 공동체사회는 우리에 대한 권리가 있다. '다 내 거야'라는 생각은 성경의 가르침과 교회의 전통을 무시하는 것이다.12

### 예언자 정신

예언은 미래를 말하는 것이 아니라 진실을 밝히는 것이다. 예언자적 정치는 다양성, 가족, 공동체, 시민의식, 인권, 관용, 공정함 같이 사회의 근간이 되는 윤리적 측면에 관심이 많다. 당파성을 넘어 '많은 사람이 동의할 수 있는' 국가의 방침을 세우는 것이다. 예언자

---

10) 김 월리스, 앞의 책, 4장 "저항도 좋지만 대안은 더 좋다"를 보라.
11) 김 월리스, 앞의 책, 340.
12) 김 월리스, 앞의 책, 346.

의 정신은 올바르지 않은 것과 함께 살면서도 절망과 냉소로 빠지지 않는 거룩함의 힘으로 선악을 분별하는 성숙함이다. 사는 것처럼 사는 삶, 사는 것처럼 살 수 있는 세상의 모습을 꿈꾼다. 좌파와 우파라는 낡은 프레임을 벗고 새로운 가치를 중심으로 공통의 토대를 만들어야 한다. 기독교의 믿음은 우리 사회가 정의로 전진하는데 일조해야 한다. 예언자의 믿음은 신도들을 위로만 하는 것이 아니라 세상을 바꾸는 것이다. 예언자적 정치는 공동선 구현을 위해 개인의 책임과 사회적 책임을 하나로 묶는다.13

하나님의 형상Imago Dei 개념은 인권과 민주주의 발전에 지대한 공헌을 했다. 천부인권사상의 토대가 되었다. 교회는 '하나님의 새로운 사회'로서 민족, 계급, 성차별과 혐오 없는 공동체를 지향한다. 교회는 평화와 화해의 첨병이자 대사로서 분열과 갈등 속에서 회복적 정의를 기도하며 그 마중물이 된다. 하나님의 정치는 다양성 속에서 조화로운 공동체와 사회를 만들기 위한 교회의 선교적 순종이다.

생명존중의 문화를 뿌리내리려면 일관된 생명윤리를 갖고 생명의 신성함을 지키려는 노력을 해야 한다.14 차별과 혐오는 단지 정

---

13) 짐 월리스, 앞의 책, 111.
14) 짐 월리스, 앞의 책, 18장 "일관된 생명윤리"를 보라.

치, 경제적 이슈가 아니라 신학적인 범죄요 영적인 시험이다.15 예언자적 영성으로 사는데 가장 어려운 것은 모든 것을 상품화하는 맘몬財神이다. 돈이라면 진정한 사랑, 배려, 긍휼, 관계, 헌신을 제거하려고 한다. 맘몬과 소비주의는 우리 시대를 지배하는 강력하고도 파괴력을 가진 적이다.

예언자적 정신은 신앙과 세속주의 사이의 싸움을 주된 전장戰場으로 보지 않는다. 우리 시대 가장 중요한 싸움은 냉소와 희망 사이의 선택이다. 그렇다면 예언자적 상상력으로 더 나은 사회를 위한 선택과 결정을 어떻게 할 것인가?16 후기 코로나와 디지털 혁명의 뉴노멀 시대의 믿음은 교리보다 행동으로 증명해야 한다. 평화를 만드는 일과 갈등 해소는 가장 가치 있는 기술로 여겨질 것이다. 창조적 소수로서 연약하지만 세상을 바꿀 수 있다는 믿음과 희망을 품은 사람만이 사회변혁의 사명을 이룰 수 있다. 사회를 바꾸는 열쇠는 믿음이며, 변혁되어야 할 사회를 위해 기다려온 인물은 바로 우리 자신이다.

### 3. 가치의 중요성 다시 붙잡기
불평등과 주류 경제학

---

15) 짐 월리스, 앞의 책, 19장 "인종에 대한 진실 말하기"를 보라.
16) 짐 월리스는 새로운 밀레니엄 시대를 맞아 50가지를 예측했는데, 각 문항은 한국교회를 향한 마지막 쇄신의 기회를 시사한다.(앞의 책, 466~469.)

청년세대는 기회의 공정을 기본으로 생각하며 '결과의 공정'까지 전진하는 사회를 열망한다. 공정성을 담보하려면 부당함에 대해 끊임없이 이의제기를 할 수 있어야 한다. 문제의 본질을 규명하려면 올바른 질문은 필수적이다. 맘몬과 소비주의 사회에서 자산과 소득의 불평등한 고리를 끊으려면 새로운 상상력이 필요하다. 고삐 풀린 자유는 탐욕의 바벨탑을 쌓는다. 심각한 양극화가 왔다는 것은 새로운 사회적 합의와 규제가 필요하다는 신호다. 경제적 불평등은 구조적 위기며 새로운 자기 규제를 촉구하는 영적인 위기다.17

시장경제는 가치에 의해 제어되고 공정함이라는 기준에 따라 심판 받아야 한다. 통제받지 않는 이윤추구가 유일한 목적이 되어 공동선을 궁극적 목적으로 삼지 않고, 부당한 방법으로 이윤을 창출하고자 한다면 오히려 부를 파괴하고 빈곤을 초래할 위험이 있다.18 우리는 시장을 예배하는 우상숭배를 그만두고 우리를 옭아맸던 우상의 정체를 폭로해야 한다. '신이 된 시장'The Market을 섬기지 말고 시장the market이 우리를 섬기도록 요청해야 한다.19

그런데 어쩌다 부의 불평등이 이토록 심화된 지경에 이르게 되었을까? 모두가 더불어 같이 잘 살 수 있는 '새로운 옛적 길'가치을 회복

---

17) 크리스티안 펠버, 『모든 것이 바뀐다』, 이영환 옮김, ㈜앵글북스 2020, 9~10.
18) 짐 월리스, 『가치란 무엇인가』, 박세혁 옮김, IVP 2011, 143.
19) 짐 월리스, 앞의 책, 59.

하는 방법은 무엇일까? 탐욕과 과시적 소비는 결코 선善이 아니다. 이제 이런 삶의 패턴, 사회적 용인은 그만하면 충분하다. 자기도취와 극단적 개인주의에 대한 해독제는 겸손과 공동체다.20 '나는 그것을 지금 원한다'라는 풍조mentality가 약탈적 자본주의를 정당화하는 결과를 가져왔다. 성경의 하나님은 우리가 부를 고르게 나누기만 한다면 부를 싫어하지 않으신다. 그렇지만 상상을 초월하는 경제적 불평등과 빈부격차는 특정한 집단에게 특혜가 돌아가게 한 공공정책과 정치적 결정의 결과다.21 재산권을 침해하지 않으면서도 과도한 부를 적절한 수준으로 축소시키고 극단적 빈곤을 막기 위해 기본소득과 같은 사회안전망을 구축해야 한다. 소수가 부를 급속하게 축적하고 다수는 가난해지는 방향으로 법을 집행하는 정부는 오래가지 못한다.22

### 희년 경제의 기본 원칙

하나님의 경제에는 두 가지의 기본 원리가 있는데, '충분하다'와 '우리가 나누기만 한다면'이다.23 구약은 사회적 형평성을 통치의 근간으로 하여 자비의 정책을 통해 공동체를 파괴하는 불평등의 요

---

20) 짐 윌리스, 앞의 책, 88.
21) 짐 윌리스, 앞의 책, 6장 "지나친 빈부 격차"를 보라.
22) 짐 윌리스, 앞의 책, 7장 "가나리아의 소리를 들으라"를 보라. "미국인은 소득의 평등이 아니라 기회의 평등을 믿는다."(124)
23) 짐 윌리스, 앞의 책, 8장 "그만하면 충분하다"를 보라.

소들을 극복하고자 했다. 하나님 나라 경제학24은 양심에 따른 경제학이며 부채로 인한 인간성 파괴를 막는다. 희년은 정기적으로 노예를 풀어주고 땅을 돌려주고 빚을 탕감해 주는 경제 재분배 정책이다. 희년경제의 정기적인 '평등화'는 남들이 삶의 기반을 잃든 말든 재물을 과잉 축적하는 인간 성향 때문에 꼭 필요하다.

성장과 효율에 물든 세상을 회복하려면 가치 중심의 질문과 이야기가 있어야 한다. 과잉생산과 과잉소비는 생태계 파괴와 기후위기를 가져왔다. 지속가능한 지구를 유지하려면 모든 사람이 지구 돌봄에 참여하는 수밖에 없다.25 생태적 삶의 방식으로 지역사회와 마을을 새롭게 설계하는 일, 생태경제의 사회적 기업 조성, 생태마을, 재생에너지로 전환 등 거대한 변화의 시간 속에서 교회가 기도하고 세상과 공유할 수 있는 하나님 나라 책략은 무엇인지 고민해야 할 때다.

어떤 사람들이 지나치게 사치스럽게 산다는 바로 그 이유로 다른 사람들은 궁핍하게 산다. 부자를 없애 보라. 그러면 가난한 사람도 없어질 것이다. 아무도 필요한 것 이상을 소유해서는 안 되며, 모두가 필요한 것을 가져야 한다. 가난한 사람이 이렇게 많은 이유는 바

---

24) 김회권, 『자비 경제학, 구약성경과 하나님 나라 경제학』, 한국장로교출판사 2022 참조.
25) 짐 월리스, 앞의 책, 11장 "청정 에너지로서의 경제적 회심"을 보라.

로 몇 사람만이 부자이기 때문이다. 따라서 '우리는 한 배를 탔다'는 대안을 가지고 '중요한 건 나'라는 자기도취적 자기애 문화에 맞서야 한다.26

새로운 마음의 습관을 형성해야 하는데, 하나님은 가난한 자들과 특별동맹관계를 맺으신 것을 기억하자.잠 14:31 정치경제학의 하나님을 인지하는 신앙 형성이 요청된다. 한 사회공동체를 죽음과 공멸에 이르게 하는 나쁜 생각 3가지를 지속적으로 털어내야 한다. 첫째, 탐욕은 선하다. 둘째, 가장 중요한 건 나다. 셋째, 나는 그것을 지금 원한다. 반면에 사회에 생명과 재건을 가져오는 3가지 언어를 사용하고 구현해야 한다. 첫째, 이제 그만하면 충분하다. 둘째, 우리는 한 배를 탔다. 셋째, 청년세대를 배려하는 마음가짐을 갖자.27

### 4. 공동선의 복음28

'지극히 작은 자'에 대한 관심

공동선 사상이 다시 대두하게 된 것은 개인주의와 신자유주의가

---

26) 짐 월리스, 앞의 책, 9장 〈우리는 한 배를 탔다〉를 보라.
27) 짐 월리스는 앞의 책 17장 〈선택이 변화를 만들어 낸다: 스무 가지 도덕운동〉에서 가치에 기반을 둔 교회가 윤리적 실천을 위해 20가지를 제안한다.
28) 짐 월리스의 또 다른 역작인 『하나님 편에 서라』의 표지 상단부에는 에이브러햄 링긴의 말이 적혀있다. '하나님이 우리 편인지 아닌지 나는 관심이 없다. 나의 가장 큰 관심은 내가 하나님 편에 서는 것이다.' 책의 부제는 '공동선을 섬기는 일은 종교가 잊었고 정치가 배워보지 못했던 것'이다.

인류의 궁극적 해답이 될 수 없다는 역사적 경험 때문이다. 개인과 자유에 대한 편향되고 축소된 이해 때문에 약자는 행복을 추구할 권리마저 위협받는다. 사적 경건과 소유적 자유주의에 물든 교회는 약자의 신음소리에 귀를 기울이거나 그들의 대변자가 되기 어려워졌다. 국가의 정책은 약자에 기초해서 수립되어야 한다. 교회는 예언자적 감수성으로 삶의 사각지대로 떠밀려간 자들의 이웃이 되어야 한다.

하나님 나라 복음은 사람들의 삶과 그들이 살고 있는 사회 모두를 변혁하는 것이다. '속죄만 다루는 복음'은 사적 경건에 초점을 맞춰 죽은 후에 일어날 일에만 지나치게 집중함으로써 '지금 여기서' 어떻게 살아야 하는지에 관한 예수의 말씀을 경시한다.[29] 하나님 나라 복음은 '이웃을 지키는 자'가 되어 지속 가능한 세상을 위한 연대와 협력을 도모한다. 반면에 속죄만 다루는 복음은 교회성장과 개인의 번영을 강조한다. 하나님 나라 복음은 예수를 사랑하고 예수를 따르는 사람으로 어떻게 살아야 하는지 고민한다. 속죄만 다루는 복음은 세상을 바꾸기 위해 노력하지 않기 때문에 세상이 바뀔 필요가 없는 사람들에게만 유효하다.[30]

---

29) 짐 월리스는 진보적인 교회의 복음 이해의 오류는 진심으로 예수에 대한 살아 있는 신앙고백이 결핍된 것으로 보며 예수를 사랑하는 것에 힘을 써야 한다고 말한다.
30) 짐 월리스, 『하나님 편에 서라』 박세혁 옮김, IVP 2014, 115

사적 신앙에 물든 교회는 마태복음 25장이 말하고자 하는 육중한 비중을 쉽게 간과했다. 예수께서 마태복음 25장에서 자신이 몸소 보여주신 하나님 나라의 새로운 질서에 대해 중요한 가르침을 남겼다. 첫째, 우리가 '이 지극히 작은 자 하나'에 해당하는 사람들을 대하는 방식이 우리가 예수를 대하는 방식이라고 말한다. 둘째, '지극히 작은 자'는 세상의 논리에 의해 가장 쉽게, 가장 자주 잊히는 사람들이다. 예수는 우리가 이 논리를 거부하고 우리의 관점과 우선 순위를 바꿀 것을 촉구한다. 셋째, '지극히 작은 자'는 가난한 사람이고 나그네들외국인이다. 맨 마지막에 앉은 사람이며 잃어버린 사람 속에서 예수를 발견하는 경험에 대한 진지한 물음이다.31

글로벌 시대에 선한 사마리아인이 된다는 것은 우리의 이웃을 발견하기 위해 문화적, 인종적, 종교적, 지역적, 성적 경계를 넘는 것을 뜻한다.32

### 하나님의 형상 교리와 대동(大同) 사회

인류가 하나님의 형상으로 창조되었다는 것은 두 가지 중요한 정치적 사실을 내포한다. 첫째, 모든 인간에 대한 절대적 가치이며 둘

---

31) 짐 월리스, 앞의 책, 4장 "주님, 우리로 하여금 당신을 선대하도록 도우소서"를 보라. 소위 '지극히 작은 자 신학'의 근간이 되는 마태복음 25장은 월리스 자신이 그리스도께 극적으로 회심하게 된 본문이기도 하다.(앞의 책, 129)
32) 짐 월리스, 앞의 책, 5장 "세계 속의 선한 사마리아인"을 보라.

째, 모든 사람들 사이의 평등이다.33 사람 위에 사람 없는 동학의 인내천人乃天 사상과 궤를 같이 한다. 정치적 민주화를 거친 한국사회의 고통은 어디 있는지 살피고 약자가 사람답게 살 수 있도록 돕는 사회권의료 주거 노동 교육 34의 확장이 앞으로의 과제다. 성경 전체에서 하나님은 가난한 사람과 외국인, 채무자, 과부, 고아를 옹호하고 보호하는 분이다. 정의는 소수의 사람이 아니라 모두를 위한 것이다. 정의는 구속건져냄이라는 하나님의 목적 중 한 부분이다.

정의를 뜻하는 가장 분명하고 통전적인 말 중 하나는 '정의와 평화' 모두를 의미하는 '샬롬'이다 샬롬은 '온전함', 즉 사람들의 행복과 안전에 기여하는 모든 것, 특히 깨어진 관계의 회복을 포함한다. 다른 사람들과의 관계 및 구조와 체제와의 관계, 사법제도, 돈과 경제, 땅과 자원의 관계를 바로잡는 것을 뜻한다.35 지배하거나 지배당하는 관계가 없는 개벽된 세상이며, 피조물까지 포함하여 모두가 '큰 같음'大同의 공동체사회를 이루는 희년세상이다.

## 나가는 말

우리다운 제자도

---

33) 짐 월리스, 앞의 책, 292~296. 창세기 1:27-28 참조
34) 조국, 『가불 선진국- 연대와 공존, 사회권 선진국을 위한 제언』, 메디치미디어, 2022을 참조하라.
35) 짐 월리스, 앞의 책, 12장 "잘못을 바로 잡으라"를 보라.

짐 월리스가 맘몬과 소비주의에 물든 미국교회를 향해 횃불을 던졌다면 이제 혁신할 한국교회가 새로운 문으로 들어갈 수 있도록 따뜻한 날카로움으로 문제의식을 던지고 거리에서 실험하고 청년들 속에서 씨름해야 할 것이다. 21세기형 김교신의 무교회주의 운동은 지금의 형국에서 어떤 교회의 모습으로 온전한 예수 따름을 구현할 수 있을까? '조선산 선비 기독교'라는 표현은 고루한 것 같지만 실제로는 강고强固한 신앙을 담보할 만큼 풍성한 의미가 있다. 참된 선비는 무식무지하지 않고好學 소인배의 야합도 없고志操 오롯이 타인과 세상을 생각하기 바쁘다.爲民

### 사랑하며 닮아가며

교회가 심폐소생을 거쳐 재활에 성공하려면, 행하려는 배움과 학습 공동체 안의 금기 없는 질문과 경청하는 대화를 재구성해야 할 것이다. 세상에 희망을 주는 교회라면 세상이 가야 할 로고스道를 몸소 친히 보여주신 청년 예수를 마음으로 뜨겁게 사랑하고 그의 아름다운 발자취를 빈틈없이 따르려 할 것이다. 세상은 이런 공동체에 소속되고 싶어할 것이고 모일 때마다 느껴지는 교제의 진정성을 보며 매력을 느낄 수 있겠다. "우리가 함께 온전함을 이룰 때까지 우리 중 누구도 온전함을 이룰 수 없다."레슬리 뉴비긴

# 3. 월터 브루그만과 예언자 정신

정용성 교수(백석대학교신학대학원)

**들어가는 말**

예언자적 상상력은 어디까지 펼칠 수 있을까? 월터 브루그만은 성경을 단지 개인적인 경건을 위해 읽는 것에 결코 만족하지 않는다. 그 지평을 교회. 사회, 피조 세계로 넓혀서, 성경 메시지가 삶의 현실에서 어떻게 풀어져야 하고 어떻게 깨어지고 비틀린 현실을 변혁시킬지를 고민한다.

## 1. 브루그만의 『예언자적 상상력』[1]

이 책은 우리의 의식과 행동을 지배하는 문화적, 정치적 힘에 대응하는 데 있어 믿음과 상상력의 역할에 대해 여전히 강력하게 말하고 있다.

---

1 ) Walter Brueggemann, *The Prophetic Imagination: 40th Anniversary Edition*, Augsburg Fortress Pub, 2018), 월터 브루그만, 『예언자적 상상력』, 김기철 역, 복있는사람, 2023.

1) 예언자란 누구인가?

예언자는 미래나 다른 사람의 운명을 예견하는 점쟁이도 아니고, 그렇다고 사회적 불의에 분노하는 사회적 저항자도 아니다. 예언자는 인간 정신을 획일화하고 노예화하는 전체주의에 대항하여 한 공동체의 근원적 변화를 촉발하는 사람이 예언자다. 예언자란 우리를 둘러싸고 있는 지배 문화의 의식과 인식에 맞설 수 있는 대안적 의식과 인식, 즉 예언자적 상상력을 끌어내고 발전시키는 사람이며, 그의 책무는 현존하는 질서의 불법성을 비판하는 것뿐 아니라, 새로운 하나님의 질서를 약속하고 선포함으로써 공동체에 활력을 불어넣는 일이다.2001:21

2) 바로의 왕권 의식 (royal consciousness)

모세가 대결하였던 "정적 종교"static religion는 정치 및 경제적 현상 유지를 하기 위한 정당성을 부여하는 데 사용된다. 지배 계급을 구성하는 이들과 왕은 신적인 자원에 대한 유일무이한 접근성을 확보하고 있으며, 또한 신의 호의를 얻는 자들로 간주되기에 이른다. 그리고 많은 종교 지도자들은 권력 구조에 자신들이 통합되는 방식으로 이러한 정치 신학을 기꺼이 보증하여 준다.

어떻게 바토의 왕권 의식에 맞설 수 있는가? 믿음과 사회정의 사이의 필요한 연결을 강조하며 두 극단을 모두 비판한나. 첫째, 사회

급진주의는 그 자체로 "인간의 용기와 선의보다 더 심오한 승인을 받지 않는 영양분 없는 꽃꽂이 꽃"이다. 둘째, 예언적이지 않은 보수적인 신앙은 너무 쉽게 "정확히 사회적 억압의 근원"이 되는 "웰빙과 좋은 질서의 신"을 제시한다.p.8 "하나님에 대한 우리의 분별력은 눈에 확 드러나도록 사회학적으로 함축된 의미를 갖는다."p.8 이것이 모세, 예레미야, 제2이사야, 예수가 차례로 그 시대의 가장 강력한 구조에 맞서게 된 이유다.

### 3) 모세의 사명

모세는 이집트 땅의 노예 상태와 압제에서 그의 백성을 인도하라는 그의 부름을 받았다. 이 부름은 애굽과 종살이에서 탈출하는 것뿐만 아니라, 그러한 자유가 가능할 수도 있다는 생각을 하기 위한 것이다.p.6-7 이것이 노예의 반란보다 덜 극적으로 보일 수도 있지만 실제로는 더 큰 작업이다. "작업은 제국의 의식을 전복시키기 위한 공격과 다를 바가 없다. 이는 사회적 관행과 신화적인 가식이라는 측면에서 제국을 해체시키는 것과 다를 바가 없는 일을 목표로 삼는다."p.9

**모세가 사용한 전술에는 비판과 격려가 모두 포함되었다.**
 ⑴ 비판을 징징대거나 불평하는 것으로 봐서는 안 되지만, 그가 옹호하는 비판은 억압에 시달리는 사람들의 슬픔을 공개적으로 강

력하게 표현한 것이다. 백성의 부르짖음은 제국의 통치자보다 야훼를 향한 불평을 구성하며 제국을 무너뜨리는 효과가 있다. 즉, "언제까지 이 일을 계속할 겁니까..."

(2) 활력을 불어넣는 energizing 메시지는 아직 존재하지 않는 새로운 현실을 상상한다. 그것은 하나님의 자유를 통해 존재하도록 부름을 받았다.p.16 Energizing은 새로운 현실에 이름을 붙이고 공동체가 이 미래를 상상할 수 있도록 하는 내러티브를 제공한다. 이 예언적 상상은 예술적, 시적, 창의적이고 새로운 성격을 지닌 송영적이지만 하나님이 원하시는 대로 행동할 수 있는 하나님의 자유에 뿌리를 두고 있다.

시내산 언약 ,특히 십계명은 체데카, 미쉬파트, 헤세드, 샬롬에 근거하여 모세가 제시한 대안 사회의 전망을 함축하고 있다.『안식일은 저항이다』, p.115 해방된 히브리 노예들은 성공적으로 대안 사회를 영위하였다.예, 사사기 시대

### 4) 솔로몬

솔로몬은 마침내 왕국의 자기 보존에 관심을 가진 바로와 같은 노선의 제국주의지였다. 솔로몬의 통치는 모세의 상상력을 거부하고 풍요, 억압적인 사회 정책, 신의 자유에 대한 문을 닫고, 왕이 권

력을 독점하도록 허용한 정적 종교에 대한 가치의 전면적인 변화로 볼 수 있다. 그는 또한 제국이 달성할 수 있는 포만감의 환경을 제공할 것이다. 왕권 의식에 대한 끊임없는 유혹은 솔로몬 통치하의 국가에서 재출현한다는 사실에서 증명된다. 솔로몬의 가계, 생활 방식, 성전을 포함한 건축 공사는 그야말로 낭비에 가까울 정도로 호화롭다. 이러한 사치스러움은 백성의 압제, 강제 노동, 빈곤과 극명하게 대조된다. 우리는 충분하다enough는 개념이 전혀 없다. 성장 일로에 있는 풍요는 주로 소수의 특권층만이 누리며, 정치적 억압에 기반이 되며 강화한다. 2

이러한 권력, 억압, 신학적 자기 정당화의 고리는 권력을 행사하는 이들은 물론이고 권력이 전혀 없는 자 모두에게 상상력의 빈곤으로 이어진다. 자신의 권력과 특권을 유지하는 데 너무 집중한 권력자들은 권력의 종말이 불가피할 수도 있다는 생각을 하지 못한다.

---

2 ) [다윗과 솔로몬에 대한 비판은 상당히 논쟁의 여지가 있다] 첫째, 그는 솔로몬의 군주제와 그의 통치 기간 동안의 예루살렘 예배의 집중화가 "이데올로기적 전체주의"의 한 예라고 말한다. 브루그만은 솔로몬이 신적으로 임명된 왕이었다는 것을 인정하지 않는다. 예루살렘 성전에서 종교적 집중화의 시행이 야훼에 의해 승인되었음을 인정하지 않는다. 브루그만은 "성전과 성전을 운영하는 제사장이 순결한 사람들과 불결한 사람들이 누구인지 결정하고, 누가 접근할 수 있고 누가 혜택에서 제외되는지를 결정하기 위해 일련의 정결법을 만들었다"고 말한다. 정결법은 공식 토라의 가르침으로 모세에 의해 전해진 것이 아니다. 그것은 모두 중앙 집권식 제국의 권력과 노동자의 착취를 지원하기 위해 제조되었다. [근본주의적 시각에서 벗어나서 이러한 시각에서 볼 때, 성경 드라마에 긴장과 역동성을 볼 수 있다.]

솔로몬 시대에 예언자적 상상력은 포만감에 젖어있는 왕권의식에 맞서는 대안을 제시하는 예언자적 양심이다.p.37

### 5) 예레미야와 제2이사야

브루그만은 우리가 어느 정도 왕권 의식에 사로잡혀 있다는 현실을 받아들이기를 원한다. 그렇다면 진정한 질문은 "우리 자신과 세상을 위해 우리는 다른 것을 상상할 수 있느냐?"는 것이다.p.39 이러한 환경에서 선지자의 임무는 처음에 사회 쇄신 운동을 이끄는 것이 아니라 사람들을 창의적이고 예술적이고, 공개적 애도로 이끌어 낼 수 있다. 이 애도는 그가 "죽음에 대한 무감각함"이라고 부르는 것에 빛을 비추는 예언적 비판이다.p.41 애도를 통한 예언적 비판에는 현실을 대충 얼버무리고 넘어가는 일이 없다. 오히려 문제에 대한 공적 소유권을 주장한다. 그리고 그 문제를 모래 속에 묻어 버리려는 왕권 의식의 경향성을 거부한다. 선지자는 전통에서 파생된 상징을 사용하여 "슬픔의 언어"에 대한 담론을 목표로 그러한 상징을 공개적으로 재활성화 한다.p.46 여기에는 그냥 얼버무리고 넘어가는 일이 전혀 없다. 그렇다고 진부한 이야기도 전혀 없다. 죽음에 대한 고뇌와 통곡과 애통과 애가와 고통의 언어가 있다. 야훼께서도 역시 슬퍼하시고 우리도 합류할 수 있다는 깨달음이 있다.p.54

바로 이것이 왕권 의식을 근본적으로 비판한 예레미야의 생애와 사역을 특징짓는다. 이 예언적 방식의 결과는 대안적 공동체를 구성하기 시작하는 고통의 연대다. 이렇게 애통하는 것은 반드시 와야 하는 "급진적인 비판, 무서운 해체"이다. 무감각함의 한 가운데서, 예언자 예레미야의 외침이 터져 나온다. 그는 백성들에게 자신들이 신뢰하던 제국의 종말과 수많은 백성이 겪게 될 손실을 슬퍼하라고 촉구했다. 슬픔의 고통을 피하고 싶은 유혹이 가득 들지만, 예레미야는 그 외침이 유일하게 참되고 충실한 응답이라고 주장한다. 이와 같이 세상에서 존재하고 살아가는 다른 방식을 상상하는 예언적 행위의 첫 단계로서 사람들에게 진정한 슬픔의 경험을 불러일으키는 것이 예언자의 역할이다.

그렇지만 그러한 슬픔은 절망에 이르게 하는 위험을 초래한다. 슬픔은 반드시 필요하지만, 브루그만은 예레미야의 탄식을 "절망에 빠진 왕들에게 희망의 예언자로서" p.68 제2이사야서가 선포한 소망을 대조한다. 성경 내러티브에서 예언적 역할은 국가적 상황에 즉각 대응한다. 공격, 유배, 계속되는 정복 속에서 휩싸이는 슬픔의 맥락에서도, 소망은 예언적 상상력의 주요 과제가 된다.

다음으로 선지자는 활력을 주는 행동을 시작한다. 선지자의 애도의 깊이는 실제로 사람들의 절망에 희망이 스며들게 한다. 선지자는 하나님께서 그들의 특정한 상황에서 하나님의 백성을 재정의하실 수 있는 길을 열어주는 집단적 상상력을 배양한다. 이것이 우리가 제2이사야서에서 볼 수 있는 움직임이다. 하나님은 권력 구조를 뒤엎으시고, 슬퍼하는 자에게 새 노래를 주시고, 불모의 여인이 아이를 낳고, 굶주린 자에게 영양을 공급하신다.p67-78 이 하나님에 대한 놀라움과 경이로움을 갖게 된 결과는 실제로 새로운 공동체를 그들이 편안하게 앉아 있는 자리의 가장자리로 데리고 간다. 이 공동체는 거기서 파악이 되지 않지만, 하나님의 백성에게 새로움을 일으키기 위해 하나님이 하실 일을 기대하며 기다린다.

### 6) 예수의 사역

이러한 희망적인 상상력은 언제나 오실 메시아이신 예수를 가리킨다. 예수의 사역도 예언자들의 전통의 맥락에서 읽고 이해할 수 있다. 예수의 사역에서, 그리고 궁극적으로 예수의 십자가에 못 박히심과 부활에서 일어난 무감각과 슬픔, 절망과 소망이 동일하게 진행되고 있음을 식별하여 낸다.

예수의 생애와 사역은 그 시대의 압제적인 세력을 드러내고 비판한다. 그의 탄생, 치유의 기적, 가르침, 부활에 이르기까지 예수는 현상 유지에 도전하기 전에 극복해야 하는 가정과 필연성을 약화시키기 위해 일하였다. 예수는 자신의 삶과 경험의 많은 측면에서 압제받는 사람들에게 주로 초점을 맞추었다. "압제자가 없는 압제 받는 자는 결코 없다."p.84 그 다음으로 예수는 백성에 대한 정치적, 경제적, 종교적 압제를 유지하는 각 세력에 도전하였다. 무감각 대신에 예수는 모든 것을 아우르는 긍휼동정심을 실천하였다. 긍휼compassion은 모든 것을 아우르는 "급진적인 형태의 비판이다. 왜냐하면 긍휼히 여긴다는 것은 상처를 심각하게 받아들여야 하고, 그 상처는 정상적이고 자연스러운 것이 아니라 인간성에 비정상적이고 용납할 수 없는 조건이라고 선언하기 때문이다."p.88

그러나 예수는 단지 사회적이거나 정치적인 비평가가 아니었다. 이전 예언자들이 지목하여 왔던 예언적 상상력을 보여주었다. 예수와 그의 청중 대부분이 살면서 고난을 겪고 있었음에도 불구하고 그는 당시에도 그들 사이에서 성장하고 있던 새롭고 다른 종류의 왕국을 주장하였다. 압제자들에 대한 예수의 궁극적인 비판심지어 심판은 십자가에 못 박혀 죽으심의 맥락과 과정에서 이루어졌지만, 그분은 부활을 통해 변혁적 희망의 가능성을 다시 활성화하였다. 브루그만의 언어에서 "부활은 오직 사람들을 위한 새로운 미래를 창조하고 절망의 한 가운데서도 그들을 깜짝 놀라게 하는 하나님의 새로운 행동으로 받아들여지고 확증되고 축하기념될 수 있다."p.112 부활은 근본적으로 새로운 것이지만, 부활은 생명, 새로움, 경이로움 그리고 가능성을 위한 공간을 만든 "예언적 활력의 궁극적인 행위이다."p.113

### 7) 종합 정리

브루그만에게 예언적 상상력은 지적이거나 영적인 훈련이 아니라, 실천해야 할 소명이다. 그에게 성서신학은 실천신학이다. 브루그만의 프로젝트는 억압과 무감각, 슬픔과 절망, 희망과 에너지의 생생한 현실과 상호 작용하며, 다른 세상을 상상하고 믿음의 공동체를 그러한 상상력과 긍휼의 중심으로 보도록 요청한다. "상상력은 예언자의 소명이다. 상상력의 사역을 지속하고, 왕이 유일하게 생각할 수 있는 것으로 촉구하고자 하는 하나의 미래 대안을 계속 만들어내고 제안하는 것이다."p.40 성경 이야기와 예언자를 모델과 멘토로 사용하고 가르침과 영감의 원천을 사용함으로써 이 공동체의 지도자들은 예언적 상상력으로 말하고 행동하도록 부름을 받았다.

예언적 상상력에 대한 부름을 충실히 이행하는 열쇠는 지배적인 문화와 불가피하다고 가정하는 것에 대한 저항이다. 예언적 상상력은 우리 주변의 사람들과 사회를 다르게 보고, 느끼고, 반응하도록 주장할 것이다. 그리고 예언적 상상력을 가진 리더는 사회와 문화를 변혁시키는 방식으로 이 상상력이 공유되고, 육성되고, 실천되는 공동체를 구축하기 위해 노력할 것이다. 우리에게 다가오는 부르심은 이 성경 유산에서 배우고 도전을 받고, 우리 시대와 장소에서 예언적 상상력으로 살아가고, 보고 행동하는 새로운 방식을 상상하고 창조하고, 그렇게 함으로써 활력이 넘치는 삶을 위한 공간을 만드는 것이다.

## 2. 예언자적 상상력의 실제 〈예언자적 설교〉 3

어떻게 낙담하는 시대에 하나님의 말씀을 구하는 사람들에게 강력한 방향 메시지를 제공할 수 있을까? 예언적 상상력의 실천은 6개의 장으로 나누어져 있다. 이 장의 순서는 예언적 기획의 본질을 확립하는 것에서부터 지배적인 서사에 반대되는 현실을 선포하는 임무, 심판과 그것이 가져오는 손실의 발표, 그리고 예언서가 마무리되는 소망을 아우르고 있다.

### 1장: "예언적 설교의 내러티브 포용하기"

여기에서는 우리 문화에서 전파되는 삶의 서사에 대안적인 삶의 서사를 제시하는 도전에 대한 토대를 마련한다. 우리가 직면해야 하는 지배적인 내러티브는 자기 발명, 자급자족, 경쟁력 있는 생산성, 미국적 예외주의를 기념 축하하는 군사적 소비주의이다. 신조들은 인간 존재의 의미를 당시 지배적인 관점에서 설명하여 정형화시킨다. 이러한 신조와는 달리, 예언적 설교가 반드시 의사 전달해야 하는 삶에 대한 다른 인식의 핵심 자료로서 신약성경에서 재작업된 모세오경의 특정 주제출애굽, 언약, 창조를 끄집어 낸다.

---

3 ) Walter Brueggemann, *The Practice of Prophetic Imagination: Preaching an Emancipating Word*, Augsburg Fortress Pub, 2012), 월터 브루그만, 『예언자적 설교』, 홍병룡 역, 성서유니온, 2017.

### 2장: "지속되고 훈련되고 해방된 상상으로서의 예언적 설교"

예언적 상상력은 현재를 분석하고, 현재의 왜곡된 세계관을 폭로하는 것 이상의 것을 수반한다.애통과 비판 다른 오늘과 새로운 내일을 제시하는 강력한 수사학이 필요하다. 구약에서 예루살렘과 그 신학에 대한 군주적 비전과 현실과 야훼에 대한 예언적 비전 사이의 긴장이 있다. 그 공식적인 왕권 의식에 대항하기 위해 선지자들이 하나님과의 관계에 대한 가족적 은유를 들어 올렸고, 야훼와 이웃에 대한 충성을 요구했으며, 창조와 언약에 호소했다. 오늘날의 예언적 설교는 또한 우리의 지배적인 이야기와 반대되는 다른 이야기를 제시하고, 개인의 불안을 세계의 실제 실행자로서 야훼를 중심으로 하는 조직적 문제에 연결하는 것을 요구한다.

### 3장: "신적 심판으로 상상된 상실"

예언자의 시는 또한 지배하는 이야기가 용인하지 않는 패배와 취약성의 고통을 표현할 수 있는 수단이다. 선지자들은 예루살렘과 사마리아의 약탈을 하나님의 심판으로 보았고, 이것은 "우발적 손실이나 무의미한 손실이나 우발적인 손실이 아니다."p.53라고 선포했다. 바로 그것은 '화'에 대한 예언과 충격적인 이미지와 같이 다양한 방식으로 표현된다. 브루그만은 창조의 도덕적 질서에 따라 행동과 결과 사이에 본질적인 연결이 있으므로, 신적 개입이 많은 사람들이 생각하는 것만큼 직접적이지 않다는 Klaus Koch의 견해를 지지한다. 야훼는 또한 심판을 수행하기 위해 인간 대리인을 사용하실 것이며, 이 2차 도구는 지저분할 수 있다. 심판에서 한 편으로는 하나님이 탄원과 회개에 긍휼로 응답하시기도 하지만, 다른 한편으로는 계속되는 완고함에 대한 형벌로 가혹함을 표현하신다.

### 4장: "포기의 여운"

하나님은 심판하시지만, 이 현실은 연민과 공감으로 엮여 있다. 예루살렘과 그 왕과 성전을 상실한 슬픔이 심오하다. 이스라엘은 하나님께 질문한다. 이에 대한 응답으로 야훼는 깊은 씨름으로 이스라엘을 회복하기로 결심하신다.

### 5장: "새로움과 기다림이 터져 나옴"

유배 후에 선지자들이 창조와 족장 전통에 호소하여 하나님이 불가능한 일을 하실 수 있다는 믿음을 호소한다. 하나님은 자기 백성의 운명을 바꿀 수 있다. 예레미야 32장, 에스겔 34장과 37장, 이사야서 40-55장에서 소망을 향한 움직임을 강조한다. 그런 다음 예수의 탄생, 가르침, 사역에서 우리가 재앙과 절망을 넘어 새로운 가능성을 믿도록 부르고 있다.

### 6장: "계속되는 명령"

우리의 문화적 맥락과 기독교 교회와 그 말씀이 어떻게 손상되었는가? 여기서 브루그만은 이전의 비판으로 돌아간다. 예언적 설교는 그 파괴적인 공모에 대항하고 심판과 또 다른 세계관 위에 세워질 소망을 선포하기 위해 부각된다. "예언적 전통은 해체는 물론 복원의 불가능조차도 지속적으로 다시 반복하여 수행한다. 그리고 전체화하는 이데올로기는 해체의 불가능도 복원의 불가능도 수용할 수 없다."p.132 현대의 예언자들은 첫째로, 많은 사람들이 '사회적으로 구성된 것'social construct을 천하무적이라고 여기기 때문에, 오히려 버릴 수 있도록 가능성을 제시할 수 있어야 한다. 둘째, 하나님이 대안 세계를 제시하신다는 전복적인 진리를 받아들이는 것이다. 하나님의 진리를 말하고 분명히 표현하는 것은 변화를 가져오고 해방시키는 일이다. 우리 시대의 패권적 이데올로기의 거짓말에도 불구하고 하나님이 통치하신다는 것을 선포하는 것이다.

**요약 정리**

『예언자적 설교』는 "인간이 하나님을 부정하거나 길들여 죽음에 이르게 하는 세계관의 사슬과 마법 아래 놓여 있다"는 이 인상적인 구절들을 통해 논지가 강화하는 데 그 가치가 있다. 지난 수십 년 동안 브루그만의 일은 이러한 대안적 비전의 표현이었다. 언제나 창의적이고 매혹적이고 그의 천재성이 돋보인다.

그의 작품의 궤적을 되돌아보면, "브루그만 테제"가 신화되어 기는 표현에는 적어도 세 가지 특징이 있다. 첫째, 그는 구약 연구를 다른 분야의 연구와 통합하는 놀라운 능력을 가지고 있다. 우리는 그런 학제간 성찰의 대가를 다시는 볼 수 없을 것이다. 둘째, 브루그만은 항상 성경 본문의 정경 형식을 선택하고, 비판적 연구 및 신학적 경향과의 연결을 유지하며, 학계의 새로운 아이디어를 수용하고 씨름한다. 그러나 그는 항상 텍스트와 씨름한다. 셋째, 하나님에 대한 그의 이해는 시간이 지남에 따라 더 복잡해졌으며, 일부 독자는 일부 섹션에서 불편함을 느낄 수 있다. 넷째, 성경적 계시를 지나치게 단순화하고 잘못 표현하는 것 같기도 하다. 예를 들어 다윗의 약속에 대한 그의 부정적인 평가와 시온에 대한 희망은 모욕적인 군주제 이데올로기에 너무 휩싸여 있어 현대적 상응물과 연결시키고 있다.

### 3. 예언자적 상상력의 서식지는 어디인가?

완전한 자유로 행하시는 하나님은 당연히 언제 어디서 어떤 환경에서든 "예언자들을 일으키시고" 그들의 말과 행위에 권위를 부여하실 수 있다. 하지만 오늘날 우리 사회에서 예언자적 목소리가 절실하게 요구되는 현장은 어디일까?

군사적 소비주의는 미국에서 예언자적 신앙이 활동할 가장 주요한 환경이다. 우리가 살고 있는 고도의 소비주의 사회는 자기부인의 문화와는 정반대로 질주하는 자기파멸적인 욕망의 과잉충족 사회다. 그것은 공동체 안의 가장 주변화되고 연약해진 구성원들의 눈물과 비통에 공감할 수 없는 사회이며, 그래서 하나님의 근심과 탄식을 자아내는 사회다. 그런 사회는 마음이 강퍅해져서 예언자의 목소리에 더 이상 응답할 수 없는 무감각한 바로의 압제 체제이며 급기야는 예언자적 저항을 불러일으키는 사회다.

어떤 공동체라도 생기 넘치는 곳이 되기 위해서는 하나님께서 주신 변함없는 목적들로 말미암아 그 공동체는 다를 수 있고 또 달라야 한다는 확신이 반드시 필요하다. 우리는 이러한 확신을 쉽게 잃어버리곤 하는데, 그렇게 되면 절망적으로 현실과 타협하는 결과가 나타나고, 예언자적 특성이 전혀 자랄 수 없는 환경이 등장한다.

예언자는 한 사회의 지배 문화에 적응하고 동화되어 거룩성을 상실해 가는 교회를 경각시키는 사람이다. 지배 문학의 의식과 인식에 맞설 수 있는 대안 의식과 인식을 끌어내고 키우고 발전시키는 자들이다.

이 예언자적 상상력은 첫째, 지배 의식을 해체할 목적으로 현존하는 질서의 불법성을 드러내고 "애통하고, 비판"한다. 둘째, 다른 한편, 신앙 공동체가 바라볼 하나님의 새로운 미래를 약속하고 선포함으로써 개인과 공동체에게 "활력을 불어 넣는다." 그리하여, 슬픔과 희망을 품고서 저항과 대안을 이루는 일에 참여하는 공동체를 형성한다.

### 4. 그러면 예언자적 상상력이란 무엇인가?

전통적으로 신학 저술에서 상상력을 공개적으로 인정할 여지는 없었다. 왜냐하면 상상력은 주관적인 환상으로 여겨졌고 진지한 이성적 사고를 할 가치가 없었기 때문이다. 그러나 우리는 많은 실제적인 이점에도 불구하고 더 건전하고 더 자비로운 세상을 가져오지 못하는 과학적 방법에 대한 일반적인 환멸을 보고 있다.

브루그만은 상상력이 결핍된 두 경향을 강하게 비판한다. 하나는 하나님과 그 말씀을 교리적 공식으로 화석화시키는 근본주의이고, 다른 하나는 역사 비평주의에 기반하여 인간의 근대적 객관성을 신봉하는 계몽주의, 자유주의다.

그는 신앙을 일련의 신조적 진술이 아니라, 하나님과 타인과의 관계 속에서 자라나는 경험으로 이해하며, 드라마로서의 신앙이라는 관점을 발전시킨다. 그는 성경 쓰기는 항상 대화라고 말한다. 예를 들어 시편은 결코 독백이 아니라 항상 하나님과의 만남, 인격적인 만남이다. 이것은 삶의 사건과 경험에 대한 반응으로 유동적이고 끊임없이 변화하며 발전하는 상황이다. 이를 염두에 두고 독자는 연극에 참여하고 시각의 변화를 가져오는 상상적 상호작용으로 텍스트에 참여한다. 그는 우리가 "어떻게 이런 일이 일어날 수 있습니까?"와 같은 중요한 질문은 제쳐 두라고 제안한다. 그리고 본문을 우리의 기존 교리적 가정에 맞추려고 하지 말고, 본문을 있는 그대로 받아들일 필요성이 있다고 제안한다.

"상상력은 분명히 복음주의적 용어로 우리가 당연하게 여기는 세상을 넘어 하나님이 약속하신 세상으로 생각할 수 있는 능력을 의미한다." "상상하다"라는 말은 "우리 앞에 나타난 세상이 아닌 다른 세상을 말하고, 즐겁게 하고, 묘사하고, 해석하는 것이다. 왜냐하면 현재의 세상은 야훼를 대변하는 그러한 대리인이나 성품 없이 쉽게 그리고 일반적으로 받아들여지기 때문이다."[2012:2] 상황 적합성이 없는 '하나님에 대한 비전'은 이 임무를 맡을 수 없다. 그런데 이런 비전이 목회 시장에서 가장 잘 유통되고 있다. 그런 비전은 바로 우상 숭배, 관련 없는 초월 및 현실에 아늑하게 안주하는 것이다. 상상력은 성경적 믿음에 중요한 역할을 한다.

## 4. 생태적 성서신학의 모색 : 웬델 베리와 엘렌 데이비스

구미정 교수(숭실대학교)

박노해의 〈용서받지 못한 자〉

문맹은 동정 받아 마땅하고
컴맹은 도움 받아 마땅하나
환맹은 지탄 받아 마땅합니다.
인간의 미래를 파괴하는 자
아이들의 미래를 훔쳐다 쓰는 자
오늘을 풍요롭고 편리하게 살기 위해
자신의 발 밑을 허무는 자는 결코 용서받지 못합니다.

## 웬델 베리 Wendel Berry 『농업과 에너지』 웬델 베리, 『온 삶을 먹다』, 이한중 역, 낮은산, 2011

> "태양에 기대는 옛날식 농업은 산업경제와 근본이 판이하게 달랐다.…농민들은 점점 더 화석연료 에너지에 의존하게 되면서 생각도 근본적으로 바뀌고 말았다. 한때는 살아 있는 것들의 이치와 생명과 건강에 중점을 두던 생각이 이제는 기술과 경제에 중점을 두기 시작했다. 이를테면 신용이 날씨만큼 중요한 문제가 되어 버렸다."

인간이 농토에서 공장으로, 고향에서 타향으로, 시골에서 도시로 이주한 역사가 과연 '해방'일까? 노새와 트랙터의 싸움에서 트랙터가 승리한 게 정말 '해방'일까? 인구의 4퍼센트에 불과한 농민이 전체 인구를 먹이는 것이 가능해진 이 시스템을 '효율'의 극치로 칭송할 수 있을까?

우리는 지금 석유를 먹고 있고 우리의 먹을거리는 이제 돈과 석유와 기계와 규모가 지배하게 됐다. 성난 얼굴, 거칠과 과한 행동, 적의와 긴장에 찬 나날들, 예민하게 폭발하는 정서, 주의력 결핍… 이 모든 것의 원인은 무엇일까?

우리의 삶은 근본에서부터 잘못되었다. What? 우리의 삶은 근본에서부터 뒤틀렸다. When? 우리의 소원은 Fire? 일하지 않고 살 수 있는 삶일까?

**웬델 베리의 서문.** 엘렌 데이비스, 『성서 문화 농업』, 정희원·정희영 역, 코헨, 2012.

"대재앙의 기원과 원인이 종교를 오로지 영성만 추구하고 육체와 분리된 영혼의 구원만을 위해 고안된 복잡한 사상체계로 격하시킨 때문은 아닐까? 우리가 무엇보다 창조된 물질세계를 종교적 의미가 전혀 없는 경제적 '자원'으로 취급하도록 배우지 않고서, 과연 수많은 피조물들을 파괴할 수 있었을까? 우리가 '환원주의적 종교'를 먼저 펼치지 않고서, 과연 경제적 폭력을 촉진시킨 환원주의적 과학을 발전시킬 수 있었을까? 만약 과거 미국의 백인들이 성지의 영적인 의미와 함께 그들이 몸담은 터전의 거룩함을 보존하기 위해 '대지윤리'와 경외심 그리고 그에 부합한 농사법을 마련했다면, 과연 오늘날 미국은 어떤 모습일까?"

UN 새천년 생태계 보고서에 따르면, "지구상의 생명체를 유지하는 자연계의 2/3가 인간 활동에 의해 파괴되고 있다."

"호모 사피엔스는 지구의 물질계에 하나의 가공할 세력이 되었으며, 이 행성의 역사에서 치욕적인 명성을 얻게 된 최초의 생물종이다."Edward O. Wilson, *Silent Spring*, 84

"인간의 파괴적인 통치가 토양 오염과 동식물의 멸종에 주요 요인이다. 파괴의 정도는 '인간이 땅을 지배하기 전보다 100배에서 1000배에 달하며… 지구상에 존재하는 조류의 25%가 지난 2천년 간 인간의 행위로 멸종되었다.'"위의 책, 76

"과거 25년간 이루어진 서식지 파괴와 농약 살포로 예전에는 흔히 볼 수 있었던 조류의 개체수 - 참새의 경우 95%, 회색 메추라기 86%, 비둘기 69%가 줄어들었다."영국 '자연보호 합동위원회' 보고서, 1998

인본주의, 산업주의, 과학주의가 아니라 농본주의Agrarianism이 필요하다. 일련의 농업 관행이나 식량 생산과 소비를 대하는 태도 그 이상을 의미하고, 변덕스럽고 폭력적인 현대 산업문명에 실질적이고 필요불가결한 해결책이 필요하다. 세상과 그 속에 살아가는 인간을 바라보는 총체적 방식으로서 생명체와 대지의 건강함에 기초한 공동체의 삶을 정리하고 바라보는 방식이다.

"농본주의는 시골 사람만을 위한 제한적이고 편협한 철학이 아니다. 이는 '기본 규범'이자 대지와 자연에 뿌리를 둔 성숙한 철학으로 이를 통해 우리는 더 많은 것들을 판단할 수 있다. 비록 이 사상이 농업에 기초하고 있지만 총체적이고 포괄적이다. 웬델 베리의 작품들에 반영되어 있는 농본주의 논리는 현대 세계의 모순과 불일치를 통한 분열을 폭로하고 있다."David Orr, *Ecological Literacy*, 24.

오늘날 직면한 생태위기의 본질은 "과학기술의 문제가 아니라 근본적으로 도덕과 신학의 문제이다."*Ecological Literacy*, 12 성서에서 찾아야 할 것은 "과거로부터의 해결책이 아니라 비전과 원칙이다."*Ecological Literacy*, 6

농본주의에서 가장 중요한 개념은 다음과 같다. "대지는 토양, 식물, 동물의 순환을 통해 흐르는 에너지의 원천이며, 먹이사슬은 에너지를 근원으로 향하게 하는 생명의 경로이다. 모든 것은 죽고 썩어 흙으로 돌아간다."*Ecological Literacy*, 80

"하나님이 손수 만드신 모든 것을 보시니 보시기에 참 좋았다"창 1:31

"여자가 그 나무의 열매를 보니 먹기에 좋았다"창 3:6

"하나님의 아들들이 사람의 딸들의 좋은 모습을 보고"창 6:2

"후기 계몽주의 시대의 세상에 대한 환멸은 근본적으로 무엇이 좋은 것인지를 식별하지 못하는 인식의 실패에서 온 다."Erazim Kohak, *The Green Halo*, 65

"하나님이 말씀하시기를 땅은 푸른 움을 돋아나게 하여라. 씨를 맺는 식물과 씨 있는 열매를 맺는 나무가 그 종류대로 땅 위에서 돋아나게 하여라 하시니 그대로 되었다. 땅은 푸른 움을 돋아나게 하고 씨를 맺는 식물을 그 종류대로 나게 하고 씨 있는 열매를 맺는 나무를 그 종류대로 돋아나게 하였다. 하나님 보시기에 좋았다."창 1:11-12

"가나안의 다양한 종자들은 하나님의 은혜로운 선물*The Green Halo*, 73이며, 대지는 하나님 다음으로 중요한 행동 주체로 기술된다.81 셋째 날 하나님의 창조행위로 더 많은 생명을 창조할 수 있는 참된 본성을 가진 생명체가 출현한다.*The Green Halo*, 81"

"하나님은 지상의 모든 생물체에 적절한 양식을 제공하는 분이시고*The Green Halo*, 86, 하나님의 형상으로 창조된 생명이란 여러 다른 형태의 생명들과 함께 조화로운 하나의 질서에 순응해야 한다.*The Green Halo*, 81" 참고. 창 1:29-30

"하나님이 그들에게 복을 베푸셨다. 하나님이 그들에게 말씀하시기를 생육하고 번성하여 땅에 충만하여라 땅을 정복하여라 바다의 고기와 공중의 새와 땅 위에서 살아 움직이는 모든 생물을 다스려라 하셨다"창 1:28

-〉가운데서 다스리라는 의미다.

-〉정복의 전이해:

1) 하나님이 땅의 주인이다.(레 25:23)

2) 인간은 능력과 책임의식을 가지고 하나님이 확립한 질서를 유지하는 특별한 임무를 수행해야 한다. 그럴 때 땅은 하나님의 목적에 부합하고 전체 창조질서에 순응하는(정복되는) 존재가 된다..*The Green Halo*, 89.

"인간의 역할에 대한 이러한 묘사가 이스라엘이 신전과 국가 주도의 농업을 기반으로 세력을 떨쳤던 메소포타미아의 포로생활 중에 기록되었거나 완성되었다고 해서 놀라워할 필요는 없다.… 신의 형상이라는 개념을 대중화시킨 이스라엘의 과감한 조치는 왕과 더불어 국가경제의 근간인 농업에 종사하는 모든 이들에게 권력, 책임의식, 잠재적인 명예를 부여하였다.*The Green Halo*, 3"

"그러나 성서는 인간이 철저히 실패했다고 고발한다. 인간이 하나님을 대항하려는 세력의 주동자이자 창조질서를 위협하는 주범이다. *The Green Halo*, 89" 참고 겔 20:7-8

"절정에 이른 산업시대는… 우리 모두에게 끊임없이 무질서의 이상을 강요해왔다. 산업경제에서 안식은 존재하지 않으며… 만족함도 없다. 우리의 지갑과 뱃속은 드넓은 대양처럼 커져야만 하고, 설령 그렇게 되더라도 만족하지 않을 것이다. 6일을 수고해도 만족하지 못해 7일 또 8일이 필요하며… 모두가 지쳐있지만 안식하지 못한다… 역설적이지만 우리가 과감히 모든 것을 그만두는 방법을 강구하지 않는 이상 다른 대안은 없다." 『온 삶을 먹다』, 93

## 위대한 경제(출 16:33-35; 민 11:5)

"인간의 모든 경제활동은 광활한 창조세계의 경제, 곧 '위대한 경제'에 둘러싸여 있고 부속되어 있기에, 우리가 조금이라도 삶을 이어가기 원한다면, 제한된 삶의 어려움을 받아들이고 그에 따라 행동해야만 한다. 위대한 경제는 서로 연결되어 있는 모든 피조물과 질서를 아우른다. 우리 인간은 위대한 경제를 이해하거나 통제할 수 없으며 단지 그 속에

포함되어 있을 뿐이다. 우리의 과제는 각자 몸담고 있는 지역과 덧없는 경제를 위대한 경제에 순응시키는 것이다.『온 삶을 먹다』, 111"

"출애굽 이후 이스라엘이 경험한 첫 번째 사건 이야기는 식량이 창조세계에 대한 하나님의 주권과 인류를 향한 관대함의 표현임을 전한다.『온 삶을 먹다』, 104"

"기업형농업 종사자들은 우리가 식량을 생산한다는 착각에 사로잡혀 있지만… 만나 이야기는 식량이 우리의 수고로 얻어지는 '생산물'이 아니라 하나님의 '선물'이라고 말한다.『온 삶을 먹다』, 107"

만나 경제는 "이집트로 대표되는 '병든 사회'와 이스라엘 백성이 지향해야 하는 '건강한 사회'의 극명한 차이를 보여준다.『온 삶을 먹다』, 100"

만나 이야기에서 처음으로 안식일이 언급되는데, 시내산에서 천지창조를 기억하는 기념일로 공식화된다. 안식일은 세상이 하나님의 창조물임을 발견할 수 있도록 의도된 것이고『온 삶을 먹다』, 112… 이집트에서의 노예생활과 시내산에서 공식적으로 시작된 새로운 시대 사이의 엄격한 단절을 상징한다.211 오로지 '일이 전부인 문화'가

되지 말아야 함을 의미한다.『온 삶을 먹다』, 211

땅의 안식년레 25:5은 땅이 하나님의 소유임을 분명히 한다. "일곱째 해에는 나 주가 쉬므로, 땅도 반드시 쉬게 하여야 한다."레 25:4

### 농본적 신정체제

아합 왕의 시각은 이집트 약탈 경제이고, 나봇의 시각은 이스라엘의 언약 경제 사상이다. 농본주의적 예언자들이 책 176-203쪽에 나온다.

아모스는 '농지'라는 단어를 10차례나 언급한다. 국가 주도형 시장경제의 폭압과 착취를 직접적으로 비판한다.암 3:2, 5; 5:2; 7:11, 17[3회]; 9:8, 15[2회]

호세아는 '간음'이라는 단어를 써서 지배층 곧 왕, 관료들, 제사장들의 경제적 무책임을 질책한다.

> "이스라엘이 간음한 아내가 되었다고 선포했을 때… 호세아는 국가적 관심사에 적극 동조한 힘있는 남성 집단을 지칭한 것으로, 당시 이들은 이스라엘의 풍습과 전통적인 생활방식의 해체를 가속화시킬 수 있는 위협적인 상거래를 주도하고 있었다.『온 삶을 먹다』, 193"

> "이스라엘에 부여된 여성 이미지는… 농민들 특유의 종교

적 상상력으로 알려진 여성과 대지의 상동성을 이용한 것이다. 『온 삶을 먹다』, 193"

"호세아 1:8, 9:1 등은 전통적인 이스라엘 가정이 다수의 희생으로 소수 권력층에게 막대한 부를 가져다주는 새로운 시장경제와 수출경제로 인해 몰락했음을 묘사한다. 『온 삶을 먹다』, 194"

"호세아와 현대 농본주의자들은 회개, 곧 사랑에 기초한 사고와 행동으로의 변화를 명령하고, 그 변화를 개인의 영역은 물론 그 너머로까지 확대하도록 요구한다. 『온 삶을 먹다』, 202-3"

### 농본주의와 지배문화 사이의 대결(레 19)

"너희의 하나님인 나 주가 거룩하니, 너희도 거룩해야 한다." 지상에서의 거룩함이란 과연 어떤 것일까? 삶, 종교, 윤리의 영역뿐만 아니라 다양한 경제, 정치, 사회의 관심사들도 신의 뜻에 부합해야만 한다. 『온 삶을 먹다』, 122

"레위기의 저자들은 현대의 농본주의자들처럼 음식 섭취가 고유한 제의적, 문화적 활동이라는 인식을 성서의 어떤 책보다 분명히 보여준다.『온 삶을 먹다』, 136"

"아무 생각 없이 먹는 것은 '신성모독'... 음식 규정은 '인간의 살해본능을 순화시키는 성서적 방법'… 인간과 모든 비인간 생명체에 대한 하나님의 연민에서 기인한다.『온 삶을 먹다』, 136-8"

**유비의 확대** 레 19:19 만약 성서 기자의 심중에 두 가지 다른 작물의 종자를 파종하는 것이 거룩한 영역을 침해하는 결코 용인될 수 없는 행동으로 여겨졌다면, 과연 오늘날 우리 문화에서 행해지고 있는 이와 유사한 경우에는 어떤 것들이 있을까? 예: 유전자 형질전환 기술. 거룩한 영역에 대한 침해, 공공에 대한 침해

**살림의 지혜**(잠 31:10-31)
현숙한 여인? 유능한 아내? -> 용감한 여성!

"솔로몬의 잠언으로 알려진 책이 왕족이 아닌 일반인 여성을 기념하는 내용으로 끝맺고 있다. 이스라엘의 한 평범한 시민의 근면함과 성취를 찬양하는 시가 외국 여왕의 가르침 3:1-9을 압도한다. 자녀들에 대한 관심이 전혀 언급되어 있

지 않은 한편, 사회적 통념에 배치되는 여성의 능력과 힘을 찬양한다. 지혜자들이 가족농장을 성공적으로 운영했던 한 여성을 시의 형식을 빌려 새롭게 널리 소개하고 그 의미를 부각시킴으로써, 포로 후기 이스라엘을 지배하고 있던 페르시아 제국주의 경제체제는 5:3-5에 반하는 반체제적인 내용을 담고 있다."

### 도시의 구원?(『온 삶을 먹다』, 228-266)

"도시와 농촌은 동일한 운명과 심판에 처하는 공동운명체다. 도시와 지방의 균형은 산업기계, 들과 산림의 값싼 생산성, 저렴한 물류비용에 의해 파괴되고 있다... 오직 지속가능한 도시만이... '생태부채'와 인간의 채무를 상환하면서 도시를 지탱하는 생태지역의 실질적인 생태소득에 의지해서 살아갈 수 있다."『온 삶을 먹다』, 230

"시온은 세상에 책임의식을 가지고 곳곳에 애모의 정을 끊임없이 베푸는 훌륭한 어머니 도시, 즉 사랑과 은혜의 발상지다."『온 삶을 먹다』, 241

# 5. 공동선 자본주의의 과제와 전망

이영환 명예교수(동국대학교)

## 1. 우리는 지금 어디에 있는가?

글로벌 현황/한국의 현황: 기후변화와 팬데믹으로 인류는 존재적 위험에 직면해 있다. 향후 인공지능 알고리즘은 또다른 존재적 위험의 원천이 될 수 있다. 몇 년 전 작고한 스티븐 호킹은 유작 "호킹의 빅퀘스천에 대한 간결한 대답"에서 몇 백년 이내에 다른 행성으로 이주하지 않으면 인류는 절멸할 수도 있다고 경고했다. 20세기 후반 이후 진행된 세계화와 정보화에 편승한 금융자본의 부상과 함께 진행된 금융화와 증권화는 자본주의와 민주주의의 기반을 약화시키는 요인이 되었다.

한국은 신생 독립국으로서 경제발전과 민주주의를 동시에 성취한 유일한 나라로 세계 10위권의 경제력을 갖게 되었으며 7번째로 30/50클럽의 멤버가 되었다. 재벌 중심의 경제구조, 사회계층의 양극화, 부와 소득분배의 불평등이 악화되면서 미래 경제발전 및 사회

발전의 잠재력이 고갈되고 있는 실정이다. 여기에 덧붙여 4차 산업혁명의 파괴적 혁신으로 대다수는 "쓸모없는 계층"으로 전락할 가능성을 배제하기 어렵다.

시대착오적인 이데올로기 갈등, 극단적인 물질만능주의, 사이비 개인주의 등. 의식 수준을 저하시키는 요인들이 사회 전반을 억압하고 있다. 과학적 물질주의 세계관에서 탈물질주의 세계관으로의 전환을 통해 새로운 자본주의 패러다임을 모색하지 않으면 세계경제는 물론 한국경제도 위기를 벗어나기 어렵다.

## 2. 자본주의의 빛과 그림자

### 자본주의의 진화: 황금기와 쇠퇴기의 순환

인류는 오랫동안 생존 수준을 벗어나지 못하다가 18세기 중반 이후 제1차 산업혁명이 시작되면서부터 일인당 소득과 평균수명이 비약적으로 증가하기 시작했다. 이 점에서는 어떤 체제보다 자본주의 시장경제가 우월하다는 것이 역사적으로 입증됐다. 자본주의의 황금기는 1940년대 중반부터 1970년대 중반까지 약 30년에 이르는 대압착기로 불리는 기간이었다. 이 기간 동안 최고 임원들과 근로자들 간 임금 격차가 급속히 줄어들었는데, 이는 기업들이 이해관계자 가치를 추구했기 때문이다.

### 신자유주의와 금융자본의 부상: 1971년 8월 당시 미국 대통령 리처

드 닉슨의 "달러의 금태환 정지" 선언은 세계사의 흐름을 바꾼 일대 사건으로서 신자유주의 정책의 확산과 금융자본의 부상으로 이어졌다. 닉슨 대통령에 의해 대법관으로 임명되기 직전 루이스 파월은 미국 상공회의소의 부탁으로 1971년 파월 메모를 작성했는데, 여기에는 기업을 주축으로 하는 보수세력이 정치, 경제를 장악하기 위한 전방위적인 전략이 담겨 있었다. 그의 보고서는 미국의 보수세력에게 기본 방향을 제시하는 역할을 했다.

**주주가치 극대화와 단기주의:** 1970년 미국 시카고 대학의 경제학자 밀턴 프리드먼 교수가 〈뉴욕타임즈 매거진〉에 발표한 〈〈The Social Responsibility of Business is to Increase Its Profits〉〉라는 글은 기업의 목적은 주주가치를 극대화하는 것이라는 주장의 이론적 근거를 제공했다. 이후 금융자본의 시장 지배력이 강화되는 가운데 단기주의의 입장에서 오직 이윤만 추구하는 기업 경영이 대세가 되었다. 효율과 생산성만을 중시하는 풍조가 경제 전반에 만연하게 되었으며, 이는 자본주의의 내재적 한계를 드러내는 계기가 되었다.

### 3. 효율과 평등 관계의 재조명
**전통적 견해: 효율과 평등의 상충적 관계**

1975년 미국 브루킹스 연구소의 경제학자 아서 오쿤의 저서 *Equality and Efficiency*가 출판된 후 효율을 달성하려면 일정 수준

불평등은 불가피하다는 사고가 주류 경제학의 기본 입장이 되었다. 나아가 주류 경제학에서는 분배 문제란 존재하지 않는다는 극단적인 입장을 견지하면서 오로지 생산성 향상에만 초점을 맞춰왔다. 2014년 프랑스 경제학자 토마 피케티의 저서 『21세기 자본』이 출판된 후 본격적으로 이에 대한 반론이 제기되었다. 불평등 문제는 더 이상 외면할 수 없다는 인식이 널리 확산되었다.

### 새로운 견해: 효율과 평등의 상보적 관계

조셉 스티글리츠 교수, 앤서니 앳킨슨 교수를 비롯해 많은 전문가들이 효율과 평등이 상보적 관계에 있다는 다양한 근거를 제시했다. 스티글리츠 교수는 『불평등의 대가』, 『불만 시대의 자본주의』 등. 여러 저서와 대담에서 미국의 경우 각종 지대추구행위가 불평등을 악화시키고 비효율을 초래한다는 점을 강조했다. 앳킨슨 교수는 저서 『불평등을 넘어』에서 주류 경제학이 인정하는 여러 가지 시장 실패가 보편적인 상황에서 불평등을 완화하면 효율이 증가한다는 주장을 펼쳤으며 많은 전문가들의 지지를 받았다.

## 4. 공동선 자본주의의 기본 방향

공동선의 의의와 전략: 공동선은 고대 그리스의 아리스토텔레스, 중세의 토마스 아퀴나스, 그리고 오늘날에는 마이클 샌델 등이 강조해온 개념으로서 정치, 철학, 종교, 사회, 경제 등. 모든 방면에서 중요한 개념이다. 공동선은 포괄적이고 모호한 개념으로 시대와 사회에 따라 다양한 의미로 사용되어왔지만 대체로 "사회구성원 모두에게 혜택을 주는 정신적·물질적 모든 것"이라 할 수 있다. 공동선을 둘러싼 소모적인 논쟁을 피하기 위해서는 누구나 인정하는 공동악을 제거하는데 초점을 맞추는 전략이 효과적이다.

### 공동선 회복을 위한 몇가지 시도들

1) 크리스티안 펠버의 공동선 경제 운동: 2010년부터 유럽에서 공동선 경제 운동을 주도하고 있는 펠버의 공동선 경제에 대한 구상은 저서 *Change Everything*에 잘 정리되어 있다.

2) 주류 경제학자 장 티롤 교수의 공동선을 위한 경제학: 2014년 노벨 경제학상 수상자인 장 티롤 교수는 저서 *Economics for the Common Good*에서 주류 경제이론을 잘 활용하면 공동선의 증진에 기여할 수 있다는 견해를 피력했다.

3) 로버트 라이시의 공동선 회복 운동: 미국 버클리 대학 골드만 스쿨의 석좌교수인 로버트 라이시는 저서 *The Common Good*에서 미국의 민주주의와 경제적 자유가 쇠퇴한 원인은 "무슨 수단을 써서라도"라는 풍조가 만연함으로써 공동선이 퇴조한 데 있다고 주장했다.

4) 공동체주의자 마이클 샌델의 공동선 회복: 하버드 대학에 정치철학자 마이클 샌델은 저서 『정의란 무엇인가』와 『돈으로 살 수 없는 것들』에서 정의를 확립하고 시장만능주의의 폐단을 극복하려면 공동선을 회복하기 위한 사회적 담론이 활성화되어야 한다고 역설했다.

### 5. 4차 산업혁명과 자본주의 미래 전망

파괴적 혁신과 자본주의의 과제: 공유경제, 대중 자본주의, 진보적 자본주의, 윤리적 자본주의 등. 현 자본주의의 문제점을 해결하려는 다양한 시도가 있지만 모두 제한적이다. 최근 블랙록을 중심으로 금융기관이 강조하고 있는 ESG투자, 그리고 세계경제포럼이 강조하고 있는 이해관계자 자본주의가 현실적으로 주목을 받고 있다. 자본주의와 공동선을 결합한 "공동선 자본주의" 또는 "공동선 경제"는 ESG투자나 이해관계자 자본주의보다 진일보한 개념이다. 이해관계자들의 이해관계가 서로 충돌할 때 어떤 기준에 의해 우선순위를 정할 것인가는 중요한 의미가 있다. 이런 경우 공동선이 중요한 기준의 역할을 할 수 있다.

한국형 공동선 자본주의 전망: 1945년 해방 후 모든 분야에 미국식 제도가 이식되었지만 이에 부합하는 의식의 변화는 미약했다. 한국의 정치, 경제 파워엘리트들은 여전히 "민주주의와 시장경제의 원리"를 제대로 인식하지 못한 채 의사결정을 내리고 있는 실정이다. 세계 10위 경제대국의 위상과는 모순된 세계 1위의 자살율과 저출산율 등. 제반 사회지표는 한국의 미래가 암울할 것임을 경고하고 있다. 이는 우리의 분열된 의식상태와 더불어 향후 자본주의 시장경제를 위협할 요인으로 작용할 것이다. 공동선에 대한 사회적 담론의 활성화를 통해 이념, 지역, 계층을 초월해 모두가 공감할 수 있는 공통의 가치체계를 확립해야 한다. 이를 바탕으로 기본소득과 같은 지엽적이고 부작용이 큰 정책에 대한 미련을 버리고 공동선의 회복과 이를 반영한 한국형 자본주의를 추진해야 한다.

**한국형 공동선 자본주의를 위한 전략**: 은행과 기업의 변신은 한국형 공동선 자본주의를 위한 선결과제다. 한국에서 은행은 과거 경제개발과정에서 정부의 지시에 따라 재벌 산하 대기업에 대한 금융지원에 집중했던 점과 신용창조를 통해 통화를 공급하는 특권에 비해 사회 발전에 기여한 바가 미비하다는 점을 감안할 때 공동선의 회복을 위해 노력할 책무가 있다. 한국경제의 중추를 이루고 있는 재벌기업들은 과거 정부의 무제한적인 금융지원을 바탕으로 오늘의 위치에 이르렀다는 사실을 유념해야 할 것이다. 따라서 한국의 핵심 대기업들은 단순히 4차 산업혁명 시대에 대비한다는 차원을 넘어 과거의 혜택을 사회에 환원한다는 의미에서 공동선 함양에 더욱 관심을 가져야 한다. 은행과 기업의 협력은 한국형 공동선 자본주의의 정착을 위한 가장 중요한 요소다. 정부는 이들간의 협력을 측면에서 지원하면 된다.

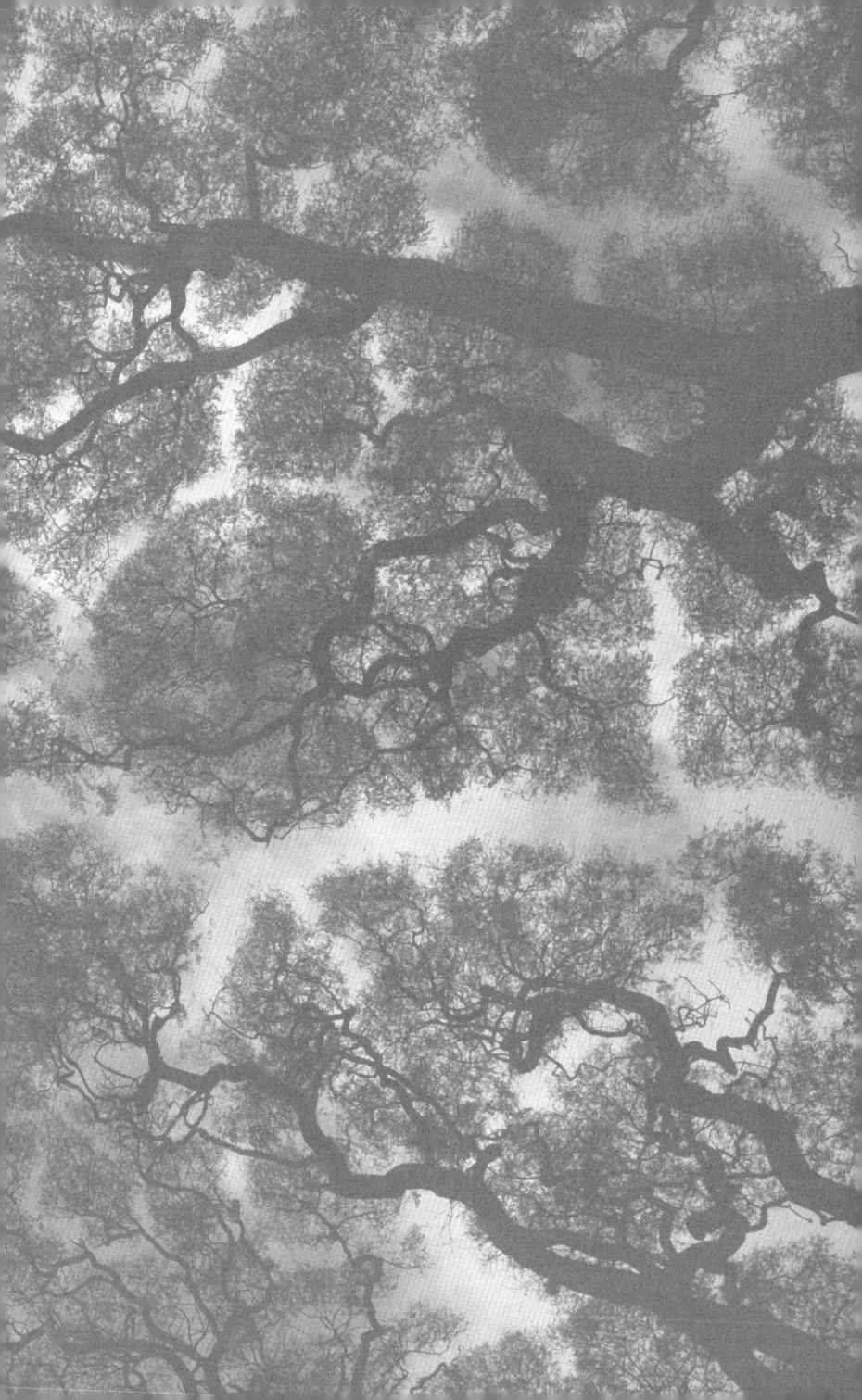